U0947730

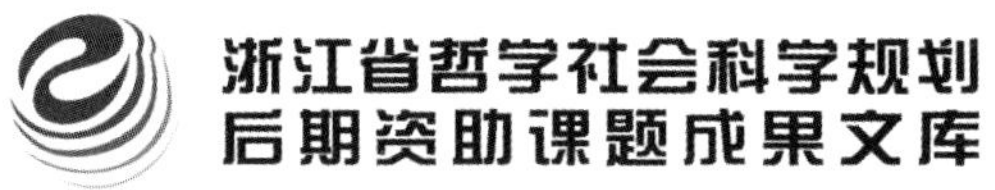

知识密集型服务企业-顾客互动创新机制

Zhishi Mijixing Fuwu Qiye-Guke Hudong Chuangxin Jizhi

王琳 著

中国社会科学出版社

图书在版编目（CIP）数据

知识密集型服务企业：顾客互动创新机制／王琳著．—北京：中国社会科学出版社，2014．3

ISBN 978－7－5161－4363－6

Ⅰ．①知… Ⅱ．①王… Ⅲ．①知识经济－应用－服务业－研究 Ⅳ．①F719

中国版本图书馆 CIP 数据核字（2014）第 123018 号

出 版 人 赵剑英
责任编辑 宫京蕾
特约编辑 乔继堂
责任校对 张玉霞
责任印制 李 建

出 版 中国社会科学出版社
社 址 北京鼓楼西大街甲 158 号（邮编 100720）
网 址 http：//www.csspw.cn
中文域名：中国社科网 010－64070619
发 行 部 010－84083685
门 市 部 010－84029450
经 销 新华书店及其他书店

印刷装订 北京市兴怀印刷厂
版 次 2014 年 3 月第 1 版
印 次 2014 年 3 月第 1 次印刷

开 本 710×1000 1/16
印 张 11.75
插 页 2
字 数 195 千字
定 价 35.00 元

凡购买中国社会科学出版社图书，如有质量问题请与本社联系调换
电话：010－64009791
版权所有 侵权必究

前　言

在开放式创新理念的指引下，知识密集型服务企业正在从传统上“以企业为中心”的单边创新范式向“企业—顾客合作”的交互创新范式转变。知识密集型服务企业如何建立与维系恰当的顾客互动，促进跨组织边界的多样化与异质性知识、能力及资源的碰撞，进而使创新想法不断涌现并在创新行动层面得以整合，成为知识密集型服务企业服务创新制胜的关键。

由此，知识密集型服务企业—顾客互动创新机制引起了广大学者的关注。相应地，知识密集型服务企业—顾客互动（简称为 KIBS 企业—顾客互动）成为理解顾客合作创新行为与绩效的核心概念。然而，当前研究中全面系统论述“企业—顾客互动”内涵及要素、它们对服务创新绩效的作用机制是怎样的并不多见，与其相关的实证研究更属凤毛麟角。在此背景下，本书综合运用顾客合作创新、组织间联系、服务创新和知识整合等理论，围绕“KIBS 企业—顾客互动如何影响服务创新绩效”这一核心问题，对 KIBS 企业—顾客互动内涵及其要素构成进行了逻辑严密的理论推演与分析界定，进而深入剖析 KIBS 企业—顾客互动对服务创新绩效的作用机制，并就不同创新情景对此作用机制有何影响进行了探究。本书主要得出如下结论：（1）KIBS 企业—顾客互动对服务创新绩效有积极的影响作用。KIBS 企业与顾客间蕴含着一种“共生关系”，通过互动提供了接近与利用对方资源的机会并增强了 KIBS 企业与顾客合作创新的潜力，能促进服务创新绩效改善。本书通过对 4 个典型服务创新项目深入调研和 338 份服务创新项目问卷调查，表明 KIBS 企业—顾客间共同组织、共同决策、资源共享及任务协作都有助于服务创新绩效提升。（2）KIBS 企业—顾客互动通过影响内部知识整合和外部知识整合继而影响服务创新绩效。本书通过实证研究建立结构模型得出，KIBS 企业—顾客互动对服务创新绩效的影响是以内部知识整合和外部知识整合为中介实现的，这两条路径一起构成了 KIBS 企业—顾客互动对服务创新绩效的作用机制。(3) 过程互依性和项目不确定性在 KIBS 企业—顾客互动对知识整合的作用机制中发挥着重要的调节作用。本书引入了服务创新项目特征调节变量，即过程互依性和项目不确定性，来考察 KIBS 企业—顾客互动对知识整合的权变效应。实证研究表明，过程互依性和项目不确定性能够促进 KIBS 企业—顾客互动对知识整合影响作用的发挥。具体而言，服务创新项目的过程互依性越高，共同组织、共同决策和任务协作对内部知识整合的正向效应更加明显；服务创新项目的不确定性程度越高，共同组织对外部知识整合的负向效应更明显，资源共享对外部知识整合的促进作用更显著。

纵观全书，主要在以下三个方面进行了拓展和深化：

(1) 对 KIBS 企业—顾客互动的概念及构成要素做了明晰的分析界定，从而对顾客合作创新概念体系进行了优化重构。在继承顾客合作创新研究基本观点基础上，本研究针对 KIBS 企业服务创新情景，从组织间联系的系统化视角出发，提出了一个二维度（结构维、过程维）和四要素（共同组织、共同决策、资源共享以及任务协作）的 KIBS 企业—顾客互动测量模型，并通过探索性案例研究和因子分析验证了本测量模型的合理性和有效性，从而为顾客合作创新研究进一步深入展开提供了借鉴和参考。

(2) 对 KIBS 企业—顾客互动对服务创新绩效的作用机制进行了深入剖析，揭示了顾客合作影响服务创新绩效的本质过程。在探索性案例研究和文献总结基础上，本书创造性地构建了包含 KIBS 企业—顾客互动、知识整合到服务创新绩效的概念模型，从而将顾客合作创新、知识整合与服务创新理论系统化地联系起来，并通过问卷调查和大样本统计分析，揭示了 KIBS 企业—顾客互动对服务创新作用机制的黑箱，指出知识整合是两者关系的关键中介变量，打通了顾客合作、知识活动与服务创新绩效之间的关系脉络，建立起“KIBS 企业—顾客互动—知识整合—服务创新绩效”的理论框架，对顾客合作创新理论研究做了重要补充。

(3) 详细阐释过程互依性和项目不确定性下 KIBS 企业—顾客互动对知识整合的影响机制，对服务创新实践中根据创新项目特征构建相应 KIBS 企业—顾客互动模式具有一定参考价值。本书实证研究表明过程互依性对共同组织、共同决策和任务协作与内部知识整合关系具有显著的调节效应；项目不确定性对共同组织以及资源共享与外部知识整合关系也具有明显的调节作用，这一研究结论深化了对 KIBS 企业—顾客互动作用情景的理解，并为服务创新实践中根据创新情景特征有效构建相应的 KIBS 企业—顾客互动模式进行服务创新提供了一种新的思维，从而丰富了我国企业—顾客合作创新模式研究的理论成果。

目　录

第一章

绪　论

第一节　服务创新兴起与KIBS企业—顾客共创价值范式

随着全球经济发展呈现由“工业型经济”向“服务型经济”转变的趋势，我国服务业逐渐发展成为最活跃的创新群体和自主创新主体的重要组成部分。这体现在，一方面，服务业逐渐承担起GDP和就业最大贡献者的职责，成长为一股独立于制造业的、不可忽视的创新力量；另一方面，“知识经济”主导地位的显著提升又推动着服务业由“传统型服务经济”迈进“知识密集型服务经济”（魏江、胡胜蓉，2007），在此背景下，基于知识的服务业——知识密集型服务业（Knowledge Intensive Business Service，KIBS）得以迅猛发展，成长为国家创新系统的主导力量。与此同时，由于全球管制的放松、顾客的日益成熟以及经济全球化的发展和竞争的加剧，众多传统制造业领域企业纷纷着力于产业转型升级，将战略重点向服务业渗透转移，通过提供知识密集型服务及服务创新创造差异化竞争优势。可见，服务创新不仅能够增强服务产业的竞争和发展活力，提升服务企业竞争能力，还是促进我国制造业摆脱低端制造、实现产业升级的重要路径。

自切萨布鲁夫（Chesbrough，2006）提出开放式创新的基本理念以来，为了在新竞争态势中胜出，企业纷纷模糊与延伸创新组织边界，吸纳各类外部主体共同参与到创新过程中的各环节，“共同创造”（co-creation）作为一种希望将各方力量汇聚起来的创新模式正日益成为企业营造其核心竞争力的重要选择（普拉哈拉德，拉马斯瓦米，2000；拉马斯瓦米，2004）。

对任何企业而言，顾客组织无疑是最重要的合作伙伴之一，与顾客联系的能力是市场驱动型组织的最显著特征之一（戴，1994），这一点在

KIBS 企业及其服务创新中表现得尤其突出。这是因为，一方面，新市场经济特征使顾客成为企业竞争能力的新源泉，谁利用与挖掘整合好了顾客潜能（co-opting customer competence），谁才真正掌握了持续竞争力（普拉哈拉德，拉马斯瓦米，2000）。另一方面，不同于传统意义上基于科研或实验室的创新实践，KIBS 企业服务创新具有显著的专门化特征（戈德雷，加卢奇，1998），是基于顾客情景的实践性活动（多尔蒂，2001），服务创新不能在没有顾客参与的“真空”中产生（加卢奇，2001），与顾客紧密合作是创新成功的根本要求。人们注意到，与顾客共创独特价值，在服务创新实践中发起企业与顾客间的积极、明晰且持续的对话，合作创造与顾客间的个性化体验、通过企业—顾客间共同调适以实现集体行动等（普拉哈拉德，拉马斯瓦米，2000；隆德奎斯特、亚赫夫，2004；马廷等，2004），正日益成为 KIBS 企业服务创新制胜的关键。

因而，顾客是 KIBS 企业服务创新中最重要的战略性资源之一，正如穆勒和岑克尔（muller，zenker，2001）所言，KIBS 企业与顾客间蕴含着一种“共生关系”，这促使服务创新逐渐从传统上“以企业为中心”的单边思考和行动的创新范式向“企业—顾客共创价值”范式转变。

第二节 KIBS 企业—顾客互动创新机会与挑战并存

实施或实现“企业—顾客共创价值”需要构建跨越传统组织边界的新的联系（格苏尼，罗森格伦，1973；索内，普兰代利，2000）。KIBS 企业服务创新情景下，企业—顾客互动意指顾客以合作创造者（customer as co-creator）身份与 KIBS 企业建立互动协作联系（南比桑，2002），在跨组织边界上展开交织性过程、活动与行为。这无疑为 KIBS 企业与顾客合作创新提供了智力资源分享及相互学习的机会与途径（Goes Ho Park，1997），甚至顾客本身拥有很多知识和能力，能在与 KIBS 企业协作中帮助其交付最佳解决方案（贝当古等，2002）。于是，与顾客互动界面成为 KIBS 企业—顾客共创价值新场所（普拉哈拉德，拉马斯瓦米，2000）；而与顾客互动本身即是为实现 KIBS 企业—顾客共创价值而构建的跨组织联系，有利于服务创新实践利用、挖掘并整合顾客资源与潜能，进而提升服务创新绩效。

目前，越来越多的KIBS企业以各种各样的方式与顾客合作创新。然而，由于智力资源在KIBS企业与顾客两端都呈现出分布式特征（拉森，2001），使得跨越KIBS企业—顾客间组织、文化及认知边界的智力资源获取与整合显得异常困难。一方面，为更深入地理解异质性顾客的现实与潜在需求，进而促进新颖想法的涌现，KIBS企业必须调用与整合其内部分散于不同领域的专家洞察力（埃尔托格，2000；拉森，2001），接近甚至进入捕获顾客知识的最有利环境（多尔蒂，2000），在实际行动中近距离观察分析顾客（阿拉姆，佩里，2002；马丁等，2004），这要求KIBS企业—顾客间建立起一种弹性的、宽松的跨组织联系以促进双方多样化和异质性知识及能力资源的碰撞，促进新颖创新想法涌现，从而产生创新潜力。另一方面，正如斯彭德和格兰特（Spender，Grant，1996）所言，知识的有用性不取决于有多少知识存量，而取决于它是否能够被有效地挖掘和整合，这又要求KIBS企业—顾客建立起一种联系紧密的、机械的跨组织联系，以降低多样化与异质性知识及能力整合的难度，更利于新颖想法能够在创新过程中被有效地整合并实现。

因此，作为一种跨组织联系，KIBS企业—顾客互动需要在追求柔性与快速适应以提升服务创新效果的同时，又需要稳定以减少创新不确定性与提高服务创新效率，以确保创新性想法的涌现并且最终能够得以在行动层面实现。那么，如何建立有效的KIBS企业—顾客互动联系来促进服务创新绩效呢？于是，探索是否、如何以及什么条件下恰当地借助KIBS企业—顾客互动这样一种“桥梁策略”来提升服务创新绩效是当前KIBS企业服务创新急需解决的一个关键问题。

综上所述，在我国服务经济与知识经济大发展的历史契机下，本土服务企业迫切需要提高其服务创新能力，以使它们能够迅速开发和推广新服务，从而建立核心竞争力，这不仅决定着企业自身的兴衰，甚至影响着整个服务业乃至制造业的发展活力与升级空间。随着国家自主创新战略的推行，本土服务企业在服务创新方面的主动性早已大大提升，代表着服务产业“先锋部门”的KIBS企业更是走在了最前端，在人才智力、信息技术方面不断投入，做了许多看似成功的尝试，但是大多数KIBS企业还没有把握“企业—顾客共创价值范式”下的创新规律，还尚未找到有效提升服务创新绩效的关键路径，它们迫切需要相应的理论和方法体系的指导。本书在紧密结合我国KIBS企业的现实情况下，重点关注服务创新实践中的我国 KIBS 企业如何与顾客构建恰当的互动模式来有效地理解与响应顾客差异化、层次化、不断变化的需求实现服务创新，从而在严峻的竞争形势下胜出，因此具有重大现实问题针对性。

第三节 KIBS 企业服务创新研究现状

从 20 世纪 80 年代起，服务创新研究逐渐成为创新领域的新兴门类，许多学者对服务业和服务创新的研究兴趣日益浓厚，出现了不少该领域的研究成果。与此同时，随着知识资源的爆炸性扩张和信息技术的一日千里，以知识为基础的服务业迅速发展，至 90 年代，有研究者将这种服务业的特殊分支——知识密集型服务业纳入研究视野。于是，学界往往选择知识密集型服务业作为开拓与发展服务创新理论研究的热点领域。

一 服务创新理论研究视角

与服务创新实践和服务业现实发展情况并行的是服务创新理论的发展。现有服务创新研究存在三种研究视角：第一种是技术导向（technologist），强调服务创新的“技术维度”，普遍忽视那些非技术创新或由服务本身特性所引发的创新；第二种是服务导向（service- oriented），它认为服务业创新具有与制造业创新不同的特征，因而在研究中更关注服务和服务创新的独特性；第三种是整合观点（integrative），它抛弃传统的产品和服务、制造业和服务业二分法观点，将服务和产品视为具有共同功能和性质的对象进行统一的“整合”分析，从而发展了一种能同时包容产品和服务、覆盖制造业和服务业两个经济领域的综合理论，为创新研究提供了一种从更广阔角度考虑问题的方法。

围绕“技术导向、服务导向、整合”三种视角，服务创新研究逐渐兴起与繁荣（迈尔斯等，1995b；加卢奇 魏因斯坦因，1997；蔺雷、吴贵生，2005；魏江、胡胜蓉，2007；王琳、魏江，2009a）。这三种视角的研究旨在对下列三个问题进行解答：①服务业是否存在创新？②服务创新是否具有独特性？③服务创新是否具有自身范式？这三类研究问题相互关联，层层深入，学者们试图逐步深入地开启服务创新的黑箱，并为服务企业如何通过创新获取竞争优势提供理论指导（魏江、胡胜蓉，2007）。

通过服务创新理论三种研究视角的分析，我们对服务创新的理解在不断地推进与深入。同时，对服务创新的研究能够贡献于更为宽泛的、整合的、全方位的创新研究。其中，“整合视角”的出现并不意味着“服务导向”创新研究将不再有意义或重要，相反，“服务导向”创新研究成果将更加直接地、紧密地被融入到创新概念与模型框架之中。事实上，“服务导向”创新研究对整个创新研究的潜在价值产生自它探索了之前隐藏的或被忽视的研究领域，从这个角度而言，“服务导向视角”研究仍是未来研究的主要方向。

二　服务创新理论发展新焦点：KIBS 企业及其服务创新

在对已有大量文献梳理和归纳后，笔者发现，尽管服务创新理论研究思路上越来越多地倾向于技术方法与服务方法的整合，然而，如果我们无法深刻地理解服务创新特质，也就不能实现真正的整合研究，于是，关注服务创新独特性的研究仍是当前服务创新研究的重点与热点（登 埃尔托格，2000；魏江、胡胜蓉，2007；王琳、魏江，2009a）。

针对服务创新独特性的服务导向研究中有两个表现：一是在服务业中占据新兴主导地位并代表先锋服务业的 KIBS 企业逐渐成为“服务导向视角”的主要研究对象；二是分析服务创新区别于技术创新的独特性，探索服务创新基本规律成为“服务导向视角”的核心研究内容。可见，针对 KIBS 企业及其服务创新的研究能够拓展和丰富我们对服务创新独特性的认知，由此成为服务创新理论发展的新焦点。

聚焦于微观服务创新层面，学者对 KIBS 企业服务创新过程特征进行了详细剖析。加卢奇（Gallouj，2001）首先指出，KIBS 企业服务创新具有显著的“专门化特征”，即服务创新发生在 KIBS 企业与顾客合作并向顾客提供一项服务的过程中，它涉及在既有专家知识基础上针对顾客特定问题提供新颖的解决方案。显然，KIBS 企业服务创新的“专门化特征”与 KIBS 创新过程的“顾客互动性”（登 埃尔托格，2000；穆勒，岑克尔，2001）特征相关联，这使得 KIBS 企业服务创新成为对企业—顾客互动与服务创新关系研究的最有利情景。

然而，学者对服务创新实践中 KIBS 企业—顾客互动与创新绩效关系的研究很缺乏，仅有的一些研究则沿袭了传统技术创新中“顾客参与”的分析范式，普遍低估甚至忽视了顾客在创新中扮演的主动、积极的“合作创造者”角色（拉马斯瓦米，2004），而这恰恰是 KIBS 企业服务创新中的一个显著特征（桑博，1998）。此外，现有研究集中于考察与顾客互动对服务创新的直接影响，很少有学者去探究 KIBS 企业—顾客互动与服务创新绩效关系之间的中间机理。

综上所述，随着服务创新理论的兴起与发展，KIBS 企业服务创新实践由于显著的“顾客合作生产”特征（埃尔托格，拜德柏克，1998；陈劲，2002；王琳，魏江，2008；魏江等，2008），为我们提供了一个良好的研究情景，使我们不局限于从 KIBS 企业（推动）或顾客（拉动）的视角单方面看问题，而能够关注 KIBS 企业与顾客双向的互动，从而能够基于实证的研究延伸、扩展和提炼“企业—顾客互动”这一基本概念，进而推进基于顾客互动的 KIBS 企业服务创新研究。

第四节　研究思路与方法

一　研究思路

如前所述，当前中国 KIBS 企业必须抓住服务经济与知识密集型服务产业在全世界蓬勃发展的战略契机，积极提升自身的创新管理水平，融入到世界先进服务企业的大军中。对于积极开展服务创新的 KIBS 企业，遵循市场导向及服务主导逻辑是实现生存与发展的根本要求，因此，顾客无疑是其最重要、最关键的外部创新合作主体，如何建立有效的 KIBS 企业—顾客互动联系，从而提升 KIBS 企业服务创新水平，可以说是 KIBS 企业建立与维持竞争优势而亟待解决的重要课题。

尽管当前研究勾勒了企业—顾客互动特征及其给服务创新带来的好处，但对于 KIBS 企业—顾客互动影响服务创新绩效的机理及其作用情景的研究仍显不足。因此，一个较为迫切的问题就是，KIBS 企业—顾客互动对服务创新的影响与作用机制是什么？这关系到如何理解 KIBS 企业—顾客互动的内涵、KIBS 企业—顾客互动对服务创新绩效的意义等各个方面。而同时还要考察不同服务创新情景特征对 KIBS 企业—顾客互动及其与服务创新绩效关系的影响。

针对上述问题，在借鉴前人研究成果的基础上，本研究将围绕“KIBS 企业与顾客如何构建恰当的互动模式来提升服务创新绩效”这一基本研究命题展开，力图打开此中作用机制黑箱，深入剖析 KIBS 企业—顾客互动对服务创新的重要影响。具体而言，本书将试图逐层深入地探究以下几个研究问题：

（1）KIBS 企业—顾客互动的内涵是什么？

创新中企业—顾客互动起源于顾客参与研究领域，在多学科范畴中被深入研究与解析，如服务管理中的顾客合作生产（co-production）、服务营销中的顾客价值创造（value-in-use）、技术创新中的合作开发（co-development）等。许多学者根据研究需要对特定情景下的企业—顾客互动内涵进行界定。然而，针对服务创新情景的研究尚未足够深入，关于 KIBS 企业—顾客互动的内涵及维度还未取得一致意见，而其与服务创新绩效的关系也未有明确的结论。针对这一问题我们将首先通过规范分析的方法，在已有的文献证据基础上提出主要思路，并通过探索性案例分析和因子分析验证该概念构思的合理性和可行性。

（2）KIBS 企业—顾客互动究竟如何影响服务创新绩效？

只有明晰 KIBS 企业—顾客互动对服务创新的作用机理，才能更有效地促进其效用的发挥。目前关于 KIBS 企业—顾客互动与服务创新绩效的作用机制的研究较少，大多研究只涉及两者的相关关系，而未提出明确的分析框架或模型，缺少扎实的经验研究证据。并且，来自技术创新的信息处理理论是解析企业—顾客互动与创新绩效关系的基本视角，它关注的是创新过程中信息从顾客方向企业方的有效传递与转移，然而信息只是创新的基本原料，不会自动带来创新潜力（隆德奎斯特，亚赫夫，2004），可见这类研究并没有深入到创新的本质层面，从而局限了我们对服务创新实践的充分理解及相应指导。

根据斯科特（Scott，1992）的观点，企业—顾客互动是获取创新关键资源的“桥梁机制”，结合范德芬（Van de Ven，1976）对组织间联系的宽泛界定，KIBS 企业—顾客互动本质上是 KIBS 企业与顾客为完成一个复杂创新任务而集合形成的行动系统，于是，KIBS 企业—顾客互动对服务创新绩效的作用机制可通过组织间联系理论及相关的资源依赖理论、知识整合理论联系起来，而以往研究尚未充分利用上述视角解释企业—顾客互动影响服务创新绩效的内在机制。因此，基于组织间联系理论，从知识整合角度进行深入研究，将有可能揭示 KIBS 企业—顾客互动对服务创新作用的黑箱。于是，本研究将从 KIBS 企业—顾客互动对知识整合的作用路径入手，构建 KIBS 企业—顾客互动对服务创新绩效的作用机制模型，并通过探索性案例研究和大样本统计分析进行实证检验。

（3）服务创新实践中如何构建有效的 KIBS 企业—顾客互动机制来提升其创新绩效?

在不同服务创新情景特征下，KIBS 企业—顾客互动对服务创新绩效的影响作用是不同的。即对于特定服务创新情景，何种 KIBS 企业—顾客互动模式在何时最有效?一方面要考虑到互动模式，另一方面又要考虑到情景因素，也就是要研究某种 KIBS 企业—顾客互动模式发挥作用的条件。因此，简单考察 KIBS 企业—顾客互动与服务创新绩效两个变量的直接关系，只能得出一些参考性结论，要想更加准确、严谨地解释 KIBS 企业—顾客互动的作用条件和机理，必须基于权变视角引入调节变量。因此，本书将针对过程互依性和项目不确定性是否会影响到 KIBS 企业—顾客互动作用的有效发挥这些问题，通过问卷调研和统计分析的方式进行分析和讨论。

本研究将紧密围绕“KIBS 企业与顾客如何构建恰当的互动模式来提升服务创新绩效”这一基本问题，从相关理论基础和实证调查出发，透过权变分析视角，具体探究不同情景下 KIBS 企业—顾客互动对服务创新的影响机制，本书技术路线如图 1 - 1 所示。

首先，本书针对服务经济兴起、服务创新繁荣、企业创新范式转变的现实背景，从我国 KIBS 企业面临的服务创新机遇和挑战出发，提出了研究命题。接着从顾客合作创新、服务创新、组织间联系理论等角度对现有文献进行了梳理和总结，分析与归纳了 KIBS 企业—顾客互动的内涵、特征及其构成要素，形成了本书论证基础，并由此展开如下研究：

（1）首先基于 KIBS 企业—顾客互动通过知识整合影响服务创新绩效的理论构想，通过对 4 个服务创新项目进行探索性案例研究，证实了 KIBS 企业—顾客互动要素划分的可行性和合理性，初步形成了 KIBS 企业—顾客互动对服务创新绩效的作用机制框架，为后续研究提供了源于实践的构想。

（2）通过进一步文献展开以及结合探索性案例研究发现，构建了基于知识整合中介机制的 KIBS 企业—顾客互动与服务创新绩效的理论模型，并且引入了过程互依性和项目不确定性两个调节变量。

（3）展开两个实证研究以检验前文理论模型，一个是通过 338 份服务创新项目调查问卷，运用因子分析和结构方程建模等方法，对 KIBS 企业—顾客互动对服务创新绩效影响机制的概念模型进行调整修正，指出知

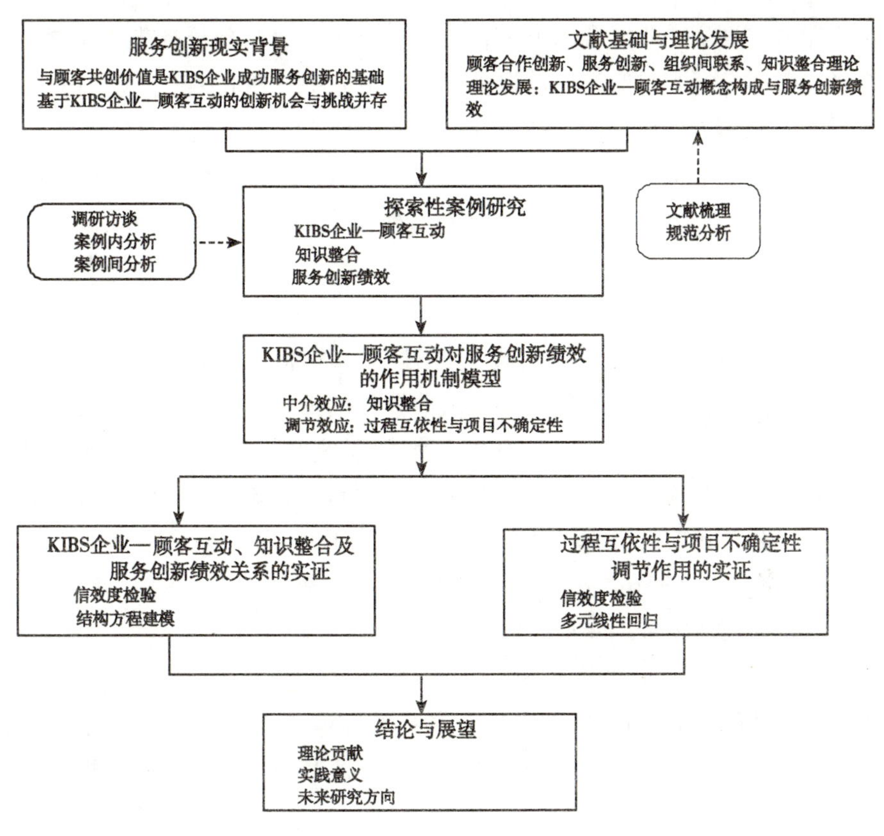

图1－1 本书技术路线

识整合是 KIBS 企业—顾客互动影响服务创新绩效的中介因素；另一个是针对过程互依性和项目不确定性两类调节变量下 KIBS 企业—顾客互动对知识整合的影响机制，通过 338 份服务创新项目调查问卷，运用多元线性回归等方法对调节效应模型进行验证与修正，识别了不同过程互依性和项目不确定性分别对内部知识整合和外部知识整合的影响。

至此，本书围绕 KIBS 企业—顾客互动概念，完成了对 KIBS 企业—顾客互动的内涵、要素构成，以及对知识整合及服务创新绩效的作用机制的系统研究。在此基础上，为服务创新实践根据创新情景特征建立与维系恰当的 KIBS 企业—顾客互动模式以改进服务创新绩效提出了相应的对策建议，并对未来研究方向进行了展望。

二 研究方法

在明确研究问题的基础上，本书采用规范研究与实证研究相结合、定性研究与定量研究相结合的方法，遵循“文献阅读与理论推演—探索性案例研究—形成模型与假设—数据采集—实证分析—形成结论”的研究思路逐层深入。具体来说，采用如下几类研究方法：

（1）文献研究。通过计算机网络和已有的国际学术联系等渠道，广泛收集与本书有关的各种文献和资料，对有关的各种理论进行梳理，对主要理论产生和运用的实际背景进行比较分析，为本书奠定最基本的理论基础。

（2）案例研究方法。案例研究是对一个管理问题和决策过程的再现和描述，是对管理实践过程及其复杂情境的刻画和分析。在本书的研究中采用了探索性案例研究的方法（艾森哈特，1989；西格克欧，2007；殷，2003）发展了顾客合作创新相关理论。在大量田野调查工作的基础上，选择4个服务创新项目进行探索性案例研究，验证了KIBS企业—顾客互动的构成维度，在案例内分析和案例间分析的基础上，初步构建了KIBS企业—顾客互动与服务创新绩效的理论模型。

（3）定量实证研究。本书采用了大样本问卷调查和统计分析的方法检验了命题假设的合理性及其适用条件。在第一个实证研究中，通过问卷设计、问卷收集获得了338份调查问卷，在此基础上通过因子分析、结构方程建模进行假设检验，形成了KIBS企业—顾客互动作用于服务创新绩效的基本判断。在此基础上，第二个实证研究又通过因子分析、多元线性回归对不同服务创新特征下KIBS企业—顾客互动作用于知识整合的机制进行检验。

第五节　本书结构与创新之处

一　本书结构

按照上述技术路线，本书从拟解决的问题入手，相对应地安排了章节内容。本书共分为7个章节，具体介绍如下：

第一章　绪论。主要阐述研究背景与研究的现实及理论意义，说明研究的内容与研究方法，阐明将要达到什么样的研究目的，并论述研究的预期创新点。

第二章　文献综述与理论发展。本章分别对顾客合作创新、服务创新和知识整合等相关研究进行了总结和述评，并提出了KIBS企业—顾客互动的核心要义、构成要素及其与服务创新的关系，为本研究分析框架的构建提供了一个理论支撑平台。

第三章　探索性案例研究。本章基于第二章提出的理论基础，通过对4个典型服务创新项目的案例内分析与案例间分析，就KIBS企业—顾客互动与服务创新绩效的作用机制进行了探索。经过形成研究问题、提出理论主张、案例选择、案例数据收集、数据编码与分析等几个步骤，归纳出关于KIBS企业—顾客互动与服务创新绩效的初始命题。

第四章　KIBS企业—顾客互动对服务创新绩效作用机制的模型构建。本章在结合现有理论成果和探索性案例研究的基础上，探讨了基于知识整合中介机制的KIBS企业—顾客互动与服务创新绩效的关系，并引入过程互依性和项目不确定性两个调节变量，从而建立起理论模型与相关假设。

第五章　KIBS企业—顾客互动、知识整合与服务创新绩效关系的实证研究。基于前文理论模型，通过338份服务创新项目调查问卷，运用因子分析和结构方程建模等方法进行实证分析，从而对KIBS企业—顾客互动对服务创新绩效影响机制的概念模型进行调整修正，指出知识整合是KIBS企业—顾客互动影响服务创新绩效的中介因素。

第六章　过程互依性和项目不确定性调节作用的实证研究。针对过程互依性和项目不确定性两类调节变量下KIBS企业—顾客互动对知识整合的影响机制，通过338份服务创新项目调查问卷，运用多元线性回归等方法对调节效应模型进行了验证与修正，识别了不同过程互依性和项目不确定性分别对内部知识整合和外部知识整合的影响。

第七章　结论与展望。作为结论部分，第七章对全书的论证过程作出了总结，阐述了本书的理论贡献与实践意义，同时指出了本书研究的不足及有待改进和进一步深入研究的方向，为笔者和其他研究者在本研究的基础上继续展开深入的相关研究工作提出了建议。

二　本书创新之处

本书围绕KIBS企业—顾客互动的概念、要素以及如何影响服务创新这些基本问题，在现有研究基础上，通过探索性案例研究、严密的理论分析与逻辑推导，形成了本书的研究框架，进一步通过问卷调查和大样本数据统计分析，检验分析了该框架的正确性和有效性，并对之进行了修正与完善。在继承现有研究成果的基础上，本书在以下三个方面进行了创新：

（1）对KIBS企业—顾客互动的概念及构成要素做了明晰的分析界定，从而对顾客合作创新概念体系进行了优化重构。

在继承顾客合作创新研究基本观点的基础上，本研究针对有利的KIBS企业服务创新情景，从组织间联系的系统化角度出发，提出了一个二维度（结构维和过程维）和四要素（共同组织、共同决策、资源共享以及任务协作）的KIBS企业—顾客互动测量模型，并通过探索性案例研究和因子分析验证了本测量模型的合理性和有效性，为顾客合作创新研究进一步深入展开提供了借鉴和参考。

（2）对KIBS企业—顾客互动对服务创新绩效的作用机制进行了深入剖析，揭示了顾客合作影响服务创新绩效的本质过程。

在探索性案例研究和文献总结的基础上，本书创造性地构建了包含KIBS企业—顾客互动、知识整合到服务创新绩效的概念模型，从而将顾客合作创新、知识整合与服务创新理论系统化地联系起来，进一步通过问卷调查和大样本统计分析，揭示了KIBS企业—顾客互动对服务创新作用机制的黑箱，指出知识整合是KIBS企业—顾客互动影响服务创新绩效的关键中介变量，打通了顾客合作、知识活动与创新绩效之间的关系脉络，建立起“KIBS企业—顾客互动—知识整合—服务创新绩效”的理论框架，对顾客合作创新理论研究做了重要补充。

（3）详细阐释了不同过程互依性和项目不确定性下KIBS企业—顾客互动对知识整合的影响机制，对于KIBS企业根据创新情景特征构建相应的与顾客互动的模式具有一定的参考价值。

本书实证研究表明过程互依性对共同组织与内部知识整合、共同决策与内部知识整合以及任务协作与内部知识整合关系具有显著的调节效应；项目不确定性对共同组织以及资源共享与外部知识整合关系也具有显著的调节效应，这一研究结论深化了对KIBS企业—顾客互动作用情景的理解，并为服务创新实践中根据创新情景特征有效构建相应的KIBS企业—顾客互动模式进行服务创新提供了一种新的思维，从而丰富了我国企业顾客合作创新模式研究的理论成果。

第二章

KIBS企业服务创新研究回顾与综述

第一章阐明了本书的主要研究问题与思路，本章将对本书所涉及的主要理论和相关研究成果进行综述，从而在现有研究基础上明确本书的理论切入点。首先，对企业—顾客合作创新理论的研究及其进展进行较为全面的综述，为本研究奠定理论基础；其次，根据组织间联系理论、市场导向理论以及服务创新理论阐述了KIBS企业—顾客互动的内涵和核心要素；然后，对KIBS企业—顾客互动与服务创新绩效关系的文献进行综述；最后，概述知识整合的研究现状，为本研究提供理论支撑。

第一节　企业—顾客合作创新研究综述

一　企业—顾客合作创新研究的兴起

战略研究专家普拉哈拉德曾将企业经营比喻为传统戏剧——在舞台上，演员有着被清楚界定的角色，在舞台下，观众买票坐在观众席上被动地观看表演（普拉哈拉德，拉马斯瓦米，2000；拉马斯瓦米，2004）。然而，随着全球化、网络化趋势及管制的取消，企业及其顾客的角色变得模糊，顾客开始成为价值创造主体，企业与顾客合作从事某项活动变得越来越普遍。相应地，学者们开始围绕“顾客合作生产”、“顾客导向”、“顾客价值创造”以及“顾客参与创新”等研究主题展开讨论，相关研究成果为企业—顾客合作创新研究奠定了基础。

（一）顾客合作生产（customer co-production）

在服务管理领域，米尔斯和莫里斯（Mills，Morris，1986）系统考察了顾客以“临时雇员”身份参与企业运营的现象，认为在复杂的服务环境中，当顾客行动和表现对服务生产很重要时，服务企业就应该扩大自身的边界，把顾客作为“兼职员工”。在此基础上，顾客在服务企业运营中所扮演的生产资源、合作生产者、购买者和使用者等四种角色得到学者们的广泛关注。相关研究指出，顾客合作生产对提升企业绩效的作用具体表现在以下四个方面：第一，顾客与服务企业之间的互动会影响服务过程中员工和技术发挥作用的效果，有助于提高服务生产效率；第二，顾客参与可以减少企业运营的货币成本与非货币成本，并提高生产能力的利用率；第三，顾客参与服务生产与开发可以使企业提供更能满足顾客需求的多样化服务；第四，通过参与服务生产准备和信息交换等活动，顾客可以更加客观地评价最终服务（格苏尼、罗森格尼，1973）。可见，顾客合作生产与服务企业绩效紧密相关，是服务企业运营成功的重要影响因素。

（二）顾客导向（customer orientation）

顾客导向是市场导向研究中发展起来的重要概念。根据奈沃和斯拉特（Narver，Slater，1990）的论述，市场导向由顾客导向、竞争者导向和跨职能导向构成，而市场最终是由顾客或顾客需求决定的，所以市场导向的本质或关键要素就是顾客导向（鸿翥吉马，1996）。有学者认为，顾客导向是把顾客利益放在第一位的一系列价值观，在此指导下企业能够持续不断地监测、分析与掌握顾客当前与未来的需求与偏好，并据此调整行动，以开发出满足顾客需求的优质解决方案，进而获得竞争优势（斯莱特，纳维尔，1995；吕克特，1992）。同时，顾客期望企业能够定制满足其个性化需求的产品或服务，顾客导向研究开始强调从市场整体层面转向个体层面来思考顾客需求，要求企业能够不断提炼关于异质性顾客需求与偏好的知识（拉马尼，库马尔，2008）。

（三）顾客价值创造（customer value co-creation）

服务营销研究以服务主导逻辑为基础关注顾客价值创造问题，围绕顾客角色转变及顾客参与供应商价值创造两个方面展开讨论。根据瓦果和鲁斯（Vargo，Lusch，2004）的论述，价值是产品/服务提供商与顾客共同创造的，并最终由顾客的使用价值（value in use）而不是产品/服务提供商决定的，因而顾客在价值创造过程中不仅是价值接受者，还扮演联合生产者的角色。在此基础上，皮尼（Pini，2009）区分了顾客在联合生产中扮演的咨询者、促销者和企业人力资源三种角色，米歇尔（Michel，2008）则提出价值共创要求顾客扮演用户、购买者和支付者三种不同角色。这一研究主题表明以“企业为中心”的价值创造观已过时，未来竞争依赖于完全不同的、新的价值创造方法——顾客与企业共同创造。

（四）顾客参与创新（customer participation in innovation）

随着开放式创新（切萨布鲁夫，2006）与互动式创新（伦德维尔，2006）逐渐成为创新主导范式，顾客参与创新迅速发展成为创新研究的一个重要分支，顾客参与创新的影响因素、绩效及其实现机制等问题引起学者们的广泛关注。冯.希普尔（von Hippel，1986）对技术创新领域领先用户参与创新开展的开创性研究引导学术界从关注供应商主导创新转向考察顾客在创新中的主导作用。同时，随着服务创新理论与实践的快速发展，许多学者对服务创新中顾客的角色与作用产生了浓厚兴趣。相关研究发现，尽管服务创新与技术创新面对相似的情景与挑战，但仍存在一些不同之处。例如，顾客的创新想法产生于真实的情景中，服务企业必须发展将顾客创新想法转变为商业创新的能力（马格努森，2003）。于是，越来越多的学者提出顾客参与创新研究应更多地关注服务创新。

综上，企业—顾客合作创新是顾客合作生产在创新层面的自然延伸，企业创新依赖于顾客的创新资源和创新能力（马格努森，2003；克里斯滕松等，2004；隆德奎斯特，亚赫夫，2004），让顾客参与创新过程是企业的必然选择。其次，顾客导向研究表明，企业创新必须以顾客需求为指引，而让顾客参与创新过程则是获取顾客需求信息的一种关键策略。顾客价值创造研究则表明，不仅需求信息来自顾客，价值也是顾客与企业共同创造的（拉瓦斯米尔，2004），因而创新实践必须从传统的“以企业为中心”的单边范式向“企业—顾客合作”的交互范式转变。最后，顾客参与创新研究包含了对企业—顾客合作创新问题的讨论，但企业—顾客合作创新研究更多地需要从企业与顾客持续紧密的互动关系即两者双向关系视角考察创新中的对话与协作，是对顾客参与创新研究的推进与深入。企业—顾客合作创新研究不仅关注围绕具体创新任务的信息转移与共享，还涉及参与主体的组织联系、关系、承诺和信任等内容。

二　企业—顾客合作创新的理论视角

企业—顾客合作创新研究缺乏一个整体的理论框架（博格斯等，2010），但资源依赖理论、服务主导逻辑和知识基础观等对企业与顾客合作创新的动因从不同角度给出了理论解释（卡博内尔等，2009）。

（一）基于资源依赖理论的解释

从开放系统的观点出发，资源依赖理论将企业视为异质性资源和能力的集合，为了生存，企业不得不从环境中获取关键而稀缺的资源，如资金、人才、信息等。根据费弗尔和萨兰西克（Pfeffer and Salancik，1978）的理论，一个企业对外部资源的依赖程度取决于三个决定性因素：资源对于企业生存的重要性、企业内外部特定群体获得或自行裁决资源使用的程度以及可替代资源情况。根据这三个因素，创新过程中企业对顾客具有高度依赖性：首先，与顾客相关的知识对企业创新至关重要；其次，顾客拥有判断与处理其知识的权力；最后，顾客知识只能从顾客那里挖掘与获取。同时，依赖是相互的，由于缺乏足够的能力独立解决问题，创新实践中顾客常向企业寻求帮助，因而依赖于企业的创新资源与创新能力。

此外，资源依赖理论认为企业也会主动对环境进行管理和控制，以降低其对外部资源的依赖。例如，企业可以通过改变自身的边界，与外部资源所有者建立正式或非正式的合作关系。可见，企业—顾客合作是获取关键性创新资源的“桥梁策略”（斯科特，1992）。

（二）基于服务主导逻辑的解释

市场营销领域的一个重要理论发展是从产品主导逻辑（product domain logic）向服务主导逻辑（service domain logic）的演进（瓦果，鲁斯，2004）。在服务主导逻辑下，价值由产品/服务提供商与顾客共同创造，并最终由顾客的使用价值（value in use）而不是产品/服务提供商决定。因此，遵循服务主导逻辑，顾客被定位为积极的价值合作创造者（普拉哈拉德、拉马斯瓦米，2000；普拉哈拉德，拉马斯瓦米，2004；瓦果、鲁斯，2004；鲁斯等，2008）。在这一逻辑下，企业与顾客合作创新（innovate with customers），而不是为顾客创新（innovate to customers），这就要求企业必须积极地让顾客参与创新过程。有的学者如米歇尔等（2008）甚至指出，创新是市场营销者在服务主导逻辑下留住顾客的方法，从而要求我们改变对创新的传统认识。因此，与产品主导逻辑向服务主导逻辑演进相对应的是价值创造从“以企业为中心”转向“企业—顾客合作”。在当今快速变化的环境中，未来的竞争依赖于完全不同的、新的价值创造方法，即顾客与企业共同创造（普拉哈拉德，拉马斯瓦米，2000；普拉哈拉德，拉马斯瓦米，2004）。

（三）基于知识基础观的解释

知识基础观为我们理解企业—顾客合作创新提供了另外一个视角。企业的主要任务是获取竞争优势、提高竞争能力，基于知识基础观，这需要从企业间联系中获得互补性知识、信息和资产（野中，1994；皮萨诺，1994；格兰特，1996），于是企业通过积累、应用和整合相关知识提高产品和服务的附加值。

创新所需知识附着在特定服务对象——顾客身上，这要求企业能够有效利用与整合顾客知识（斯翠巴奇，2001）。然而，企业很难通过传统的市场调研方法或途径获取顾客知识，而需要进驻现场观察、分析顾客，与顾客进行沟通、互动，这样才能更加全面、深入地理解顾客，进而形成市场智力。同时，具有重大创新意义的很多知识嵌入在企业与顾客的合作创新实践中，而无法与特定创新情景相分离（多尔蒂，2001）。为了促进嵌入性知识的转移与共享，顾客必须参与企业创新活动。可见，企业—顾客合作是实现双方知识资源整合与创新的必由之路。

三 企业—顾客合作创新的研究进展

（一）创新中顾客合作角色及程度

回顾战略管理与质量管理文献，研究者识别出顾客在价值创造中作为资源、合作创造者、购买者、用户和产品共 5 种角色（南比桑，2002）。前两种角色在价值创造过程的投入端，而后三种则出现在价值创造过程的产出端。将顾客作为购买者和产品的角色，是将顾客作为客体而非价值创造的合作伙伴，因此与创新的关联性极低。现有研究主要关注的是顾客在服务创新实践中作为资源、合作创造者和用户所发挥的作用，当然，本质上这三类角色在很大程度上是相互交织、密不可分的。

服务创新中企业可能会不同程度地利用顾客作为资源、合作创造者和用户的价值，这就涉及顾客参与创新的频率与程度问题。对此，萨敦（Sandén，2007）坚信，只有较少的公司在其业务过程中邀请顾客成为合作创造者，更多的企业则是综合应用了顾客的不同角色。因此，服务创新中的顾客合作可以被视为一个基于程度的连续统一体，它反映了顾客对整个开发实践及最终产品所能施加的影响力（艾夫斯，奥尔森，1984）。

通过考察 12 家服务企业，阿拉姆和佩里（Alam，Perry，2002）共识别了四类顾客合作水平：①被动获取投入，②针对特定问题的信息与反馈，③广泛征求顾客意见，④顾客代表参与开发团队。可见，该研究采取管理视角，从服务提供商自身角度分析顾客参与开发过程的行为是积极的还是被动的。根据这一推理逻辑，阿拉姆和佩里（2002）将顾客提供给企业的创新想法归类为第一种顾客参与程度，即企业被动获取投入。然而，萨敦（2007）批评道，在决定顾客参与程度时，谁启动创新并不重要，相反，顾客在开发过程中的角色、参与和行动才是关键。杰普逊（Jeppesen，2005）提供了对顾客参与连续谱的另一种分析，他根据消费者参与创新的机会程度罗列了三种不同的参与方式，分别是：倾听消费者、与领先用户互动、用户创新工具箱。在艾夫斯和奥尔森（Ives，Ocson，1984）研究的基础上，萨敦（2007）根据顾客在创新过程中的角色与行动划分了6种顾客合作程度，如图2－1所示。

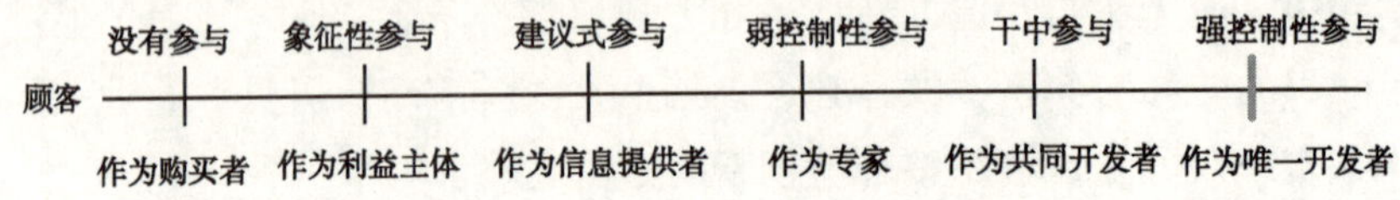

图2－1 企业—顾客合作程度连续谱

资料来源：艾夫斯和 Olsen（1984）、萨敦（2007）。

在第一个情景“没有参与”中，顾客扮演购买者角色。新产品和服务由组织通过技术推动开发，创新是科学驱动的技术应用，换言之，科学发现触发了一系列的创新扩散与应用事件。据艾夫斯和奥尔森（1984）的观点，技术推动发生在一项新技术在新产品或服务开发之前的引入，企业代表顾客提供顾客解决方案。

在第二个情景“象征性参与”中，顾客扮演着利益主体的角色。企业收集与分析关于顾客的内在信息，并以此指导开发努力的方向。开发者可能将自己视为顾客，在开发过程中测试概念与原型。因此，企业仍然是代表顾客设计解决方案。

“建议式参与”中顾客扮演的是信息提供者角色。组织鼓励顾客对产品或服务提供反馈，传统的市场研究和询问在企业内部或借由外部市场研究企业展开。在这类参与中，尽管顾客开始间接地为决策提供信息（考利奥，1998），但仍是企业代表顾客从事开发工作。

在第四种“弱控制性参与”中，顾客在部分或整个开发过程中扮演着专家的角色。开发项目在继续进入到下一个阶段前必须获得顾客的认同（爱德沃森，古斯塔夫森，1999）。此时，大量的市场研究技术被用于支持概念测试与原型开发等阶段。

当顾客扮演开发者角色时，则进入到第五种“干中参与”的情景。

企业和领先顾客在共同创造产品和服务的市场接受力中扮演合作角色。顾客不仅述说他们的问题、需求与愿望，并积极地参与到整个开发过程中。

进入最极端的“强控制式参与”中，顾客采用的是唯一开发者角色。此时，顾客承担起为自己开发出全新的解决方案的责任。

可见，根据萨敦（2007）的观点，顾客在服务开发过程中的角色、卷入和行动是分析顾客参与程度或顾客影响力的关键点。当然，不可忽视的是，实践中企业与顾客之间的联系互动往往是混合式的，事实上也无法清晰地区别具体是哪一种类型，因此只能从理论上对企业—顾客合作程度连续谱进行抽象提炼。

（二）企业—顾客合作创新的主要研究内容

纵观现有关于顾客合作创新的研究，服务管理学、服务营销学、创新管理等各个学科融会贯通，资源依赖理论、知识基础观理论、顾客价值创造理论、创新理论等各领域理论旁征博引，学者们从不同的角度进行了多方位、多层次、多维度的研究。

但是，由于顾客合作创新理论研究热点的分散，其研究仍处于初级阶段。下面，本书将对现有顾客合作创新研究进行分类和梳理，以理清研究脉络与思路，为后续研究方向及重点提供理论建议。

企业的创新绩效分析是组织竞争优势构建的核心问题，在企业—顾客合作共创价值范式下亦是如此。围绕企业—顾客合作创新绩效的研究，目前研究概括为三个方面：①与顾客合作是否影响企业的创新绩效？②与顾客合作如何影响企业的创新绩效？③企业怎样与顾客互动来获得创新绩效？这三个研究问题相互关联，层层深入，学者们试图逐步深入地开启企业—顾客合作创新绩效的黑箱，并为企业在开放式创新范式下获取保持竞争优势提供理论指导。

笔者通过对已有的大量文献进行梳理和归纳后发现，当前该领域的研究主要集中在对第一个问题的解答上，即与顾客合作是否影响企业的创新绩效。一方面，不同领域的相关研究都肯定了与顾客合作对企业创新绩效的积极作用。市场导向研究文献表明，顾客导向的新服务开发努力能够提高企业创新成功率，并带来优秀的创新成果（贾沃斯基，科利，1993；斯莱特、纳维尔，1994，1995）。关系营销与网络研究文献表明，与顾客的信息交流与合作对新服务开发具有显著的正向影响（比曼，1991；艾科诺，1997；科默，热格尔，1997）。用户创新研究（俄本，希普尔，

1988；尼尔，考金达尔，1998；莉莲等，2002）和开放式创新研究文献（切萨布鲁夫，2003；拉森，斯莱特，2006；利希滕特勒，2008）同样表明，创新过程中企业与顾客的紧密合作可以提升创新绩效。另一方面，与顾客合作可能产生的负向影响也引起了学者们的关注。有学者认为，让顾客参与企业内部组织活动存在风险，如 Enkel 等（2005）对涉及的创新风险及其管理战略进行了详细阐述。马丁（Martin，1999）研究发现，与顾客合作可能引发控制风险，在这一背景下创新是“脆弱的”。还有学者认为，由于顾客通常只具备有限的能力，让顾客参与创新不是必须的（伦纳德-巴顿，1992；哈默尔，1994；鲍尔，克里斯滕森，1995；马丁，1996；维诺纳，1999）。有研究如伍维克（Ulwick，2002）甚至认为，与顾客合作极可能产生模仿性的、无想象力的解决方案。

此外，部分学者开始从权变视角分析与顾客合作对企业创新绩效的影响，发现企业顾客合作与创新绩效的关系受到环境特征、顾客特征、创新特征等影响。例如，格勒尔和洪堡（Gruner，Homburg，2000）研究发现，在新产品开发的早期与后期，与顾客的合作程度越高越有利于创新成功，而在中期，与顾客合作对创新成功则没有显著影响。阿拉姆（Alam，2006）分析了新服务开发模糊前端的企业—顾客合作，发现在模糊前端的想法产生、想法筛选与概念开发阶段，顾客参与对创新成功产生显著影响。而卡波纳等（2009）考察基于技术的新服务开发时发现，企业—顾客合作对新服务绩效的影响独立于开发阶段，支持库柏（Cooper，2001）提出的在整个开发阶段的每一个步骤都应积极寻求顾客投入与反馈的观点。芳（2008）则分析了创新过程复杂性和依赖性对 CPC（customer participation as a co-developer）与新产品创新性/开发速度关系的调节作用。研究发现，当创新过程依赖性较强时，CPC 会显著促进新产品创新性，但延迟新产品进入市场，相反，CPC 会显著加快新产品进入市场的速度，但对创新性没有影响；创新过程复杂性对 CPC 与新产品创新性/开发速度关系的调节作用不明显。

在此基础上，有学者开始探究企业—顾客合作对创新的影响机制。对于该问题，现有研究主要有两种视角。一种基于信息处理理论，认为企业—顾客合作对创新绩效产生影响的根本原因在于顾客提供了信息，降低了创新不确定性。基于此，学者们开展了相关实证研究，如格勒尔和洪堡（2000）对企业—顾客互动程度与新产品成功关系的分析、卡波纳等（2009）对企业—顾客互动与基于技术的新服务开发绩效关系的探讨等。另一种基于知识过程，以理论阐述为主，而且案例研究居多。该视角批评了信息处理视角对企业—顾客合作创新内涵的肤浅理解，认为隐性和黏性信息无法分离出来，而需要更加频繁、广泛的社会互动和沟通来获取，从而解释了企业—顾客合作创新的必要性和重要性。例如，隆德奎斯特和亚赫夫（Lundkvist，Yakhlef，2004）认为企业与顾客合作不仅包括已有信息、想法和知识从某一方向另一方转移，同时提供了共同构建信息、想法和知识的机会，还包括参与方之间动机的转移和共享，可能导致集体行动。

也有一些学者从创新过程视角探讨第三个问题，考察创新实践中企业如何与顾客建立起关系以及企业—顾客如何合作从而贡献于创新设计。南比桑（Nonnbisan，2002）认为，企业应将顾客紧密整合到新产品或新服务开发团队中，使顾客在创意产生、设计开发、产品测试等每个阶段能够综合发挥其作为创新源、合作开发者和创新使用者的作用。同时，企业既可以通过增加顾客控制权、给予顾客更多的判断与选择机会等激励措施增强顾客合作意愿，又有必要通过培训等手段提高顾客的技术意识和能力。而隆德奎斯特和亚赫夫（2004）指出，顾客的真实需求只有在其“自然情景”中才能被有效挖掘，因而企业应深入到顾客的工作环境，通过近距离倾听顾客想法并积极与之交流互动，获取顾客黏性信息和隐性知识。福斯等（2011）考察了企业内部组织实践对企业—顾客合作创新的影响，发现在企业内部建立密集的横向或纵向沟通机制、奖励员工分享知识的行为以及授权员工自主决策等能够显著提升员工从顾客那里吸收、整合知识的整体水平，从而对创新绩效产生积极影响。无论是顾客进入企业新产品或新服务开发团队还是企业深入顾客工作环境，都需要仔细设计支持双方合作的机制，难度较高且所需成本不低。在这种背景下，由于信息网络技术的发展和普及，有学者如富勒（Fuller，2010）开始提出企业可以通过搭建虚拟顾客社区实现与顾客合作创新。

通过以上回顾可以发现，在解答上述三个研究问题之前，还有重要问题尚未解决：与顾客合作为何会影响企业创新绩效？这是以上三类研究存在的基础，也是将上述研究推向深入的关键。根据资源依赖观，顾客拥有对企业创新成功至关重要的相关资源，因此，企业创新实践强烈地依赖于顾客的创新资源和创新能力（马格努森等，2003；克里斯滕松等，2004；隆德奎斯特，亚赫夫，2004）。服务主导逻辑和顾客价值创造理论进一步指出，顾客在创新中不仅是信息源，还扮演着“合作创造者”角色（拉马斯瓦米，2004），相应地，企业—顾客合作的本质是互动（普拉哈拉德，拉马斯瓦米，2000），即通过共同应用与整合双方知识、能力与视角，创造出比过去更有效、更经济的价值（普拉哈拉德，拉马斯瓦米，2000；瓦果，鲁斯，2004）。然而，当前大量研究将顾客视为信息的重要提供者，将创新理解为将信息从其"拥有者（顾客）"转移到其"使用者（企业）"手中，这无疑低估甚至忽视了顾客在创新中扮演的"合作创造者"角色（拉马斯瓦米，2004）。这迫切需要我们从系统化视角挖掘与理解企业—顾客合作创新的本质，并通过考察企业—顾客互动如何应用与整合双方各自持有的资源、知识和能力以提升创新绩效，来推进与深化企业—顾客合作创新问题的研究。

（三）服务创新情景下企业—顾客合作创新研究

自20世纪70年代冯.希普尔对用户创新研究开始，学界已渐渐地远离了供应商主导的创新范式与视角。然而，在服务研究中开始出现"合作生产"创新主张之前，传统研究仍然停留在两个极端的观点，即，要么供应商主导，要么用户主导。由供应商与顾客/用户合作生产创新（co-production）的概念源自并发展于服务创新领域（迈尔斯等，1995a；桑博，1998a；登.埃尔托格，2000；马格努森，2003），这些研究强调服务创新中"天生的"合作与开发（豪厄尔斯，2006），于是，服务创新实践成为研究顾客合作创新的较为有利情景。

在服务创新实践成为研究顾客合作创新的较为有利情景时，在服务业中占据新兴主导地位、代表先锋服务业的KIBS企业及其服务创新成为顾客合作创新研究的一个重要领域，从某种程度上讲，针对KIBS企业服务创新的研究更能够深化我们对顾客合作创新的认知（魏江、胡胜蓉，2007）。

知识密集型服务企业是指那些知识密集度高，依靠新兴技术与专业知识，具有较明显的顾客互动特征的商业性公司或组织，KIBS企业服务创新在创新投入、创新过程及创新产出与一般服务创新有显著的不同。

首先，KIBS企业服务创新投入表现出"高知识密集度"。如，希普（1999）认为"知识密集"是指整合不同信息和知识源到企业内部创新过程的能力；而斯翠巴奇（Strambach，1997）强调知识密集意味着企业提供的不是"常规服务"。在服务提供过程中，KIBS企业运作的主要对象是某一领域内的专业性知识，它不仅来自于专业的服务提供商，也可能来自具备较高专业素养的顾客，甚至源自于服务提供商与顾客间的持续互动过程（安东内利、克里斯蒂亚诺，1999）。

其次，KIBS 企业服务创新过程表现出“高交互性”。由于服务的无形性、异质性、不可分性、高知识密集性等特征，服务创新过程的交互性特征特别显著。要为需求个性化、差异化的顾客提供高度个性化的知识定制服务和专业知识设计，其创新过程必然伴随着 KIBS 企业与顾客间的频繁信息沟通和强烈的互动。正如戈德雷（Gardrey，1998）所言，服务创新就是寻求一个问题的解决办法，它将很多不同能力集中起来寻求针对顾客问题的解决方案。

再次，不仅 KIBS 企业服务创新投入与过程中都需要顾客的合作，而且 KIBS 企业服务创新产出绩效高低很大程度上取决于顾客的判断，这更强化了 KIBS 企业服务创新过程中顾客合作的重要性。

综上，与一般服务创新相比，KIBS 企业服务创新中 KIBS 企业与顾客合作行为更为紧密、更为频繁、更为普遍，正如穆勒和岑克尔（2001）所言，KIBS 企业与顾客间蕴含着一种“共生关系”。相应地，KIBS 企业服务创新是深入顾客合作创新的一个新兴领域。

然而，目前此类研究有从产业、创新系统等较宏观视角来探讨 KIBS 行业与制造业顾客互动对各自创新的影响（穆勒、岑克尔，2001）；也有从中观企业层面分析 KIBS 企业与制造企业互动创新的情况（魏江等，2008b）；但从微观层面来分析特定服务创新实践中 KIBS 企业—顾客互动对创新绩效影响的研究很缺乏，仅有的一些研究主要沿袭了传统技术创新中“顾客参与”的分析范式，普遍低估甚至忽视了顾客在创新中扮演着主动、积极的“合作创造者”角色（拉马斯瓦米，2004），而这恰恰是 KIBS 企业服务创新中的一个显著特征（桑博，1998b），并且现有研究集中于考察与顾客互动对服务创新的直接影响，很少有学者去研究服务创新过程中 KIBS 企业—顾客互动与服务创新绩效之间的中间机理。

四　企业—顾客合作创新研究评述

在开放创新范式下，顾客合作创新作为一个富有活力的理论体系，对创新实践中企业与外部顾客合作创新决策及活动进行着详细的讨论，能极大地推动创新理论的发展，正在众多学者的努力下在不断地发展着。然而，一个不容忽视的事实是，关于顾客合作与创新绩效关系的实证研究一直未能有效展开。从组织间联系的系统化视角切入，研究企业—顾客互动对于创新绩效的作用机制是亟待深入的一个研究方向（福斯等，2011；格里尔雷，2011）。与此同时，服务创新中“天生的”合作与开发（豪厄尔斯，2006）使服务创新实践成为研究顾客合作创新较为有利的情景，特别是KIBS企业服务创新实践由于显著的“顾客合作生产”特征（埃尔托格，拜德柏克，1998），为我们提供了一个良好的研究情景，使我们不局限于从KIBS企业（推动）或顾客（拉动）视角单方面看问题，而能够关注KIBS企业与顾客双向的互动，从而能够基于实证的研究延伸、扩展和提炼“企业—顾客互动”这一基本概念，进而推进顾客合作与服务创新绩效关系的研究。在接下来的研究中我们首先要在现有文献基础上梳理“KIBS企业—顾客互动”的内涵与构成，然后围绕“企业—顾客合作如何发挥作用”这个命题展开深层次研究，探讨KIBS企业—顾客互动影响服务创新绩效的作用机理，从而将顾客合作创新研究推向深入。

第二节 KIBS企业—顾客互动的内涵与核心要素

概念是研究的基础和起点，是理论演绎的基本内核。经过几十年的发展，作为创新领域的一个研究分支，顾客合作创新已初步形成了一个理论体系，因而必定存在若干关键的、能成为建构理论体系之基础的概念。在对以往文献充分阅读的基础上，本书认为，近年来顾客合作创新研究呈现出一种从宽泛到收敛的趋势，研究情景从传统的“制造业技术创新”转移到“KIBS企业服务创新”，研究概念从宽泛的“顾客参与”逐渐演进到“企业—顾客互动”。本研究在厘清“顾客参与”和“企业—顾客互动”的关联与区别基础上，借鉴组织间联系理论与市场导向理论文献，将KIBS企业—顾客互动界定为：基于共创价值导向，KIBS企业—顾客间集合在一起围绕特定创新任务的实现而形成的一个行动系统，它涉及KIBS企业与顾客双方共同围绕特定创新任务而形成的协作机制及动态活动。

一 企业—顾客互动的提出

学术界对于顾客合作生产或创新活动的称谓与定义是较为丰富与多样的，在服务管理与营销领域中，有顾客参与（customer participation）、顾客涉入（customer involvement）、临时雇员（customer as partial employees）等；

在创新领域，有领先用户（leader user）、合作开发（co-development）、用户涉入（user involvement）、顾客参与（customer participation）、和顾客互动（customer interaction）。此外，还有大量不同的参数被用于描述这些概念，如"顾客参与的程度或强度（阿拉姆，2002；格勒尔，2000；考利奥，1998；马汀，霍思，1995；肖，1985；沃斯，1985），顾客特征（格勒尔，洪堡，2000；冯希普尔，1986）；顾客参与的目标（阿拉姆，2002），创新过程的阶段（冯希普尔，1986；穆勒恩等，1993；阿拉姆，2002），创新过程中顾客角色（穆勒恩等，1993；威克斯特鲁姆，1996），顾客参与模式（冯希普尔，1986；奇坎泰利，马吉德松，1993；皮塔，弗兰采克，1996；伦纳德，雷波特，1997a；古斯塔夫森等，1999；伍维克，2002a；汤姆克，2003）。可见，现有研究中"企业—顾客互动"是一个相对"模糊的"概念，也是一个庞杂的概念（阿拉姆，佩里，2002；马汀等，2004；周冬梅、鲁若愚，2009）。

由于本书的研究情景是服务创新，因此对核心概念的认知与解释首先是以创新领域的文献为基础。通过对创新相关文献的仔细梳理，发现学者们都主要是从行为视角来分析顾客合作生产或创新活动，采用的概念主要包括有：顾客参与（customer participation）、顾客卷入（customer involvement）、企业—顾客互动（customer interaction）。为了清晰界定本书的研究问题，需要厘清它们三者的关联与区别，以保证研究的科学性与严谨性，本书首先从这些术语的英文含义入手，分析这几个术语的字面意义，然后结合现有文献研究成果做进一步厘清，进而明晰本书研究的核心概念。

从英文单词释义上可得出（见表2－1），三个术语表达的内在含义有显著区别。

表2－1　　顾客合作创新相关术语英文比较

使用术语	含义
Participation	The act of taking part in an activity or event
Involvement	1. the act of taking part in sth. 2. the act of giving a lot of time & attention to sth you care about
Interaction	1. act or have an effect on each other 2. act together or co-operatively, esp so as to communicate with each other 3. if one thing interacts with another, or if two things interact, the two things have an effect on each other

首先，比较 Participation 与 Involvement，可发现 Participation 体现的是主体在行动上的参与，关注的是参与主体从事的活动或参与的事件；Involvement 则包括了两层含义，一层指明主体在行动上的参与，另一层强调行为主体在内心意愿上的涉入，通过主体对于此行为或活动的重视程度及为此而愿意投入的努力进行反映。结合巴尔基和哈特威（Barki，Hartwick，1989）对信息系统开发的研究可以看到，作者明确地区别了 Participation 与 Involvement 两个不同的构念。其中，Involvement 被定义为主观的心理状态，它反映了用户认为一个给定信息系统（IS）的重要性及与自身的相关性。然而，当我们考察创新类文献，发现该领域在使用 Involvement 与 Participation 时并没有专门区分两者之间内涵的不同，而是经常地交换使用 Involvement 与 Participation 来体现主体行动参与这一现象，为此本书认为这些文献所采用的是同一个构念，即“顾客参与”（customer participation）。

其次，比较 Participation 与 Interaction。根据英文释义，可知 Interaction 是由 inter 与 action 两个词构成的，其内涵包括了两个层面：一个层面意指参与者的行动，另一个层面是参与者之间的交流、合作及相互影响。可见，Interaction 一词在 Participation 内涵基础上丰富与前进了一步，既指明了各方主体各自采取的活动，而且强调主体间并不是孤立地存在，一方主体的行动必会引发另一方主体的反应或回馈。这意指双方主体地位的平等性，双方能够相互作用与相互影响。此外，如果 Participation 采用的是一个宽泛视角，意指将众多客户吸纳参与到创新之中，强调对统一整体的市场需求考察；那么 Interaction 较多地从个体层面思考客户需求，刻画的是企业通过与有限的、异质性个体客户进行合作互动，从而满足客户越来越强烈地期望企业能够不断定制化其产品或服务的个性化需求。简言之，Interaction 关注少量的异质性顾客。

据上，我们可以得出，“参与”和“互动”这两个术语间有着天然的紧密联系。如果说“参与”是基础，那么“互动”则是深化，换言之，“参与”并不必然“互动”，而“互动”必然是基于“参与”这个前提。由此可推知，在当前创新领域研究中，尽管在概念称谓上可能未做仔细的界定，然而传统的、相对宽泛视角的“顾客参与”探讨中必然潜在地包含着对“企业—顾客互动”的探讨。为进一步明晰本书的关键概念，有必要对现有文献再进行深入梳理，对顾客参与（customer participation）与企业—顾客互动（customer interaction）这两个关键概念进行充分比较和清楚界定，从而明确其适用范围，以期为本研究奠定扎实的概念基础。

（一）“顾客参与”和“企业—顾客互动”的源起

“顾客参与”是一个不易把握的概念，文献中对于“实践中顾客参与是怎样”与“应如何定义顾客参与”始终存在着混淆。有的研究将顾客参与等同于“顾客研究”，如马汀和霍思（1993）；阿拉姆和佩里（2002）；马廷等（2004）；有的研究将顾客参与等同于“为挖掘粘滞信息进行的顾客研究”，如冯希普尔（冯希普尔，1986；冯希普尔等，1999；冯希普尔，2001）。两种不同的顾客参与观点在文献中都有各自的支持者。然而，上述界定都体现了创新中纳入顾客的根本目的，即转移与获取顾客信息，无论显性的或隐性的。可见，这类文献基于信息处理视角，认为顾客参与就是将信息从存在的地方（顾客）转移到信息需要的地方（企业），顾客参与在本质上就是“促进开发者与潜在用户间就用户需求与潜在解决方案进行信息交换的一个沟通过程”，在该过程中，顾客是信息与知识的来源，想法预先存在，企业对顾客知识的转移与获取是将顾客纳入创新的主要出发点（马廷等，2004）。

“企业—顾客互动”的概念起源于服务管理与服务营销领域，是顾客在服务生产环节中与服务提供商发生的合作活动（co-production）在创新层面的自然延伸（关于“企业—顾客互动”的界定见表 2 –2）。

表 2 –2　　创新文献中对企业—顾客互动的界定

作者、年份	使用术语	主要界定或研究发现
Wikstrom（1996）	Co-production	合作生产是买卖双方为达成进一步价值的社会互动与调适。双方不仅进行信息交换，并且产生了新的知识
Lundkvist & Yakhlef（2004）	Customer interaction	企业—顾客互动不只是从一方向另一方转移预先存在的信息、想法和知识，也提供了共同构建信息、想法和知识的重要机会，并且也包括了参与方之间意图的转移，导致了集体行动
Prahalad & Ramswamy（2000）	Co-opting customer competence	顾客能力是他们拥有的知识与技能、他们学习与试验的意愿，以及他们参与积极对话的能力的函数。Co-opting 关注的是，将顾客纳入到积极的对话中，管理顾客多样性
Matthing 等（2004）	Customer interaction	企业—顾客互动是服务提供商与当前或潜在顾客合作从而学习市场并改变组织行为的过程、事件和互动。其目的是促进对市场的学习与感知过程，即市场智力的产生与传递，以及组织范围内的应对
Neale & Corkindale（1998）	Co-development	共同开发是技术创造者与顾客紧密地参与到一个整合的或共同的开发项目的过程

在创新领域，“企业—顾客互动”主要针对企业与顾客间“合作开发”（co-development，co-creation）实现创新的过程、行为与事件进行分析（阿拉姆，佩里，2002；马廷，2004；王琳、魏江，2009b）。它提供了共同构建信息、想法和知识的重要机会（马格努森，2003；克里斯滕松，2004；隆德奎斯特，亚赫夫，2004），既促进了企业对市场的学习与感知过程，也增加了顾客知识存量。因此，创新潜能嵌入在由多种技能与能力支持的互动过程中。

（二）“顾客参与”和“企业—顾客互动”的比较

综上所述，作为建构顾客合作创新理论体系的基础概念，“顾客参与”与“企业—顾客互动”两个概念在含义上存在一定联系，但两者在产生背景、研究视角、研究方向与内容存在显著差异（见表2－3和表2－4）。

第一，对顾客价值的理解。两个概念的差异首先来源于对顾客价值的不同理解。顾客参与是服务营销管理中产品主导逻辑的产物，而企业—顾客互动则脱胎于服务主导逻辑观点。相应地，产品主导逻辑将顾客放在从属与被动地位，以企业为中心的价值创造观是根深蒂固；而服务主导逻辑视顾客为主角，认为价值是在企业与顾客共同创造的过程中产生，并最终由顾客使用中的价值（value-in-use）决定，而无法被预先地嵌入在设定的产出中。因此，基于服务主导逻辑观的企业—顾客互动必然强调顾客作为合作伙伴的身份。

第二，研究视角。从“顾客参与”到“企业—顾客互动”反映了对顾客合作创新的理解从“企业单向利用顾客信息”向“企业与顾客共同创造知识”的转变（索内等，2005）。

表2－3　“顾客参与”和“企业—顾客互动”的联系与区别（1）

比较内容	顾客参与	企业—顾客互动
产生背景	产品主导逻辑	服务主导逻辑
研究视角	信息处理视角：信息由存在的地方（顾客）转移到需要的地方（企业）	知识创造视角（学习视角）：顾客与企业在对话与互动中，新想法与新知识得以产生
基本定义	是促进开发者与潜在用户间就用户需求与潜在解决方案进行信息交换的一个沟通过程	是企业与当前或潜在顾客合作创新，从而学习市场并改变组织行为的过程、事件和互动
基本假设	顾客是信息和知识的来源，想法预先存在；顾客是创新必要条件	想法不存在于抽象之中，是在顾客与企业之间的对话中逐渐成型；顾客是创新机会所在
关注知识	显性知识	基于实践的知识（存在于实践活动中，隐性）
研究内容	创新中顾客扮演角色及在创新过程中从事的具体活动（take part）	创新中顾客与企业的对话和互动，与企业的合作创造过程（co-creation）

采用信息处理视角，“顾客参与”本质上就是“促进开发者与潜在用户间就用户需求与潜在解决方案进行信息交换的一个沟通过程”，在该过程中，顾客是信息与知识的来源，想法预先存在，“顾客参与”就是企业对顾客知识的转移与获取。

然而，隆德奎斯特和亚赫夫（2004）批评了传统信息处理视角对“顾客参与”的理解，指出隐性和黏性的信息与洞察力不能够从产生它的社会背景中分离出来，必然需要更为丰富的社会互动和沟通过程，从而解释了企业—顾客互动作为一个概念的必要性与重要性。根据他们的观点，“企业—顾客互动”意味着无论是“听者”还是“说者”都积极地参与理解、分享和创造想法的过程。通过对话，双方被转变成一个集体行为者，受保持社会命令连续性的要求驱动，推动着共同创造知识的实践。

第三，基于概念起源与学者研究视角取向的根本差异，“顾客参与”和“企业—顾客互动”的研究在具体方向与内容上有显著差异。

首先，“顾客参与”关注创新中顾客扮演的角色以及在创新过程中从事的具体活动，从创新的信息源、创新合作者、创新用户等角色出发，刻画顾客参与的程度；并基于“顾客参与能够促进信息转移与传递过程”的观点，对顾客参与和创新绩效的关系进行了较多实证研究。

表 2－4　“顾客参与”和“企业—顾客互动”的联系与区别（2）

比较内容	顾客参与	企业—顾客互动
发生环境	企业环境	顾客情景
关注顾客层面	整体市场（多样化顾客）	个体顾客/异质化需求
运作导向	短期顾客关系	长期顾客关系
双方互动方向	单向（unidirectional）	双向（bidirectional）
顾客行为导向	反应式、个体行为者	主动式、集体行为者（变革代理人）
测量	顾客承担的特定活动与任务（客观）；顾客参与的水平与程度（主观）；顾客扮演的角色；接触潜在顾客的数量	尚无合适的测量（借用顾客参与的测量）

反观“企业—顾客互动”的研究，以案例类研究居多，主要关注创新中顾客与企业的对话与互动，即顾客与企业合作创造的过程，因此，顾客互动强调知识的获取与创造过程。一方面，顾客互动关注于那些嵌入在实践中的知识，它具有显著的隐性特征，这些知识对于创新意义重大，另一

方面，顾客互动强调知识创造过程，即来自企业与顾客两方的知识所有者之间的知识整合创造。

其次，“顾客参与”发生在传统的企业环境中，企业方主要是根据自身情况选择与顾客联系的方式，其中最普遍采用的是，企业通过市场调研的渠道来获取关于顾客的多样化信息，顾客能够直接参与到创新过程中的情况较少。这潜在表明，企业才是创新的主体与主导，创新的提出或开展是根据企业本身的需求与定位来进行的，顾客则处于相对被动与从属的地位，对创新无法产生主动性的影响。相比而言，“企业—顾客互动”研究则支持对顾客更仔细与紧密的观察应该发生在顾客自身环境之中，这有助于获取一手的、动态的顾客信息，并且，正如学者所指出，顾客应该也有能力更多地被纳入到创新过程中（马汀，霍思，1995；德斯凯 ，1999；普拉哈拉德，拉马斯瓦米，2000），因此，当与顾客在现实情景中就创新进行互动时，有利于获得更多的、更有价值的顾客信息与知识。可见，跨越企业与顾客组织边界上的行为、事件与过程成为企业—顾客互动研究的关注点，这还包括了企业亲自进驻顾客现场、与顾客近距离对话与协商所可能发生的一系列互动活动。

最后，“顾客参与”强调对整体顾客市场的了解，尽管面对多样化的顾客，顾客参与创新活动仍然致力于能够服务于较宽阔的顾客市场；“企业—顾客互动”则以服务于少数甚至单个顾客组织的异质化需求为中心，致力于通过深入的顾客联系，与顾客共同开发出具有“专门化”特征的创新（加卢奇，2001）。于是，相应地，就建立关系而言，“顾客参与”中企业与顾客建立联系关注于实现特定任务，如信息获取与传递，主要以短期顾客关系为导向；而“企业—顾客互动”则更多以长期顾客关系为导向。于是，“顾客参与”中顾客行为表现以响应性、个体行为为主；而“企业—顾客互动”中的顾客则积极主动，作为创新的利益相关者，是集体行为者与变革代理人之一（隆德奎斯特，亚赫夫，2004）。

综上，“顾客参与”起源于产品主导逻辑，根植于技术创新研究，关注的是企业与大量顾客之间围绕信息而发生的相关活动，例如信息的转移与传递。然而，信息转移并不会自动地带来创新潜力；唯有企业与顾客双方都在认知与行动上主动的卷入到合作中，创新才获得了丰富的土壤。“企业—顾客互动”聚焦于企业与特定顾客间（一个或多个）持续紧密的互动关系，从企业与顾客双向视角考察创新中的对话与协作（隆德奎斯特，亚赫夫，2004），既包含围绕具体创新任务进行的信息转移分享，更涉及到参与者心理、情感、承诺、归属、信任等内容，内涵更为丰富。总而言之，从揭示顾客对创新所贡献价值高低的角度，“企业—顾客互动”可以看作是在“顾客参与”基础上对企业—顾客合作内涵的进一步挖掘与深化，是对顾客价值的进一步聚焦。

二　企业—顾客互动的内涵与维度

明晰的概念边界是探讨变量之间关系的基本前提。在企业—顾客互动的研究中，由于缺乏相关理论的导引，企业—顾客互动的内涵与外延界定远未达成共识。不同学者根据自己的研究需要从不同的角度来对企业—顾客互动进行定义，从而造成了当前研究对创新实践中企业—顾客互动概念模糊这一现象。因此，有必要对企业—顾客互动内涵及维度进行明确的界定与剖析。

（一）企业—顾客互动的内涵

由于企业—顾客互动的内涵、结构、绩效、影响因素研究都还处于起始阶段，远未成熟，因此，对企业—顾客互动的研究不能仅依靠现有文献旁征博引，而应挖掘其内在的理论基础，找准企业—顾客互动的自身定位，并在此基础上科学界定其内涵与维度。尽管许多不同的理论框架都能够为企业—顾客互动的本质提供潜在解释，然而组织间联系理论与市场营销理论也许是帮助我们理解企业—顾客互动内涵与特质最有力的理论武器。

首先，追溯范德芬（1976）对组织间联系的早期研究，对于如何理解、量化和考察两个或两个以上组织联结在一起去解决复杂问题或达成特定目标，他从系统论视角出发，认为尽管可以从许多视角来考察组织间联系及其行为模式，然而将组织间联系视为一个社会行动系统将更容易概化组织间联系的本质。于是，范德芬（1976）将组织间联系界定为“两个或多个组织为完成一个复杂的任务而集合在一起所形成的一个行动系统，其协作过程本身涉及资源的流动和相关活动的产生”。可见，无论两个或多个组织间是有意图的构建正式的、长期的契约关系，或是潜在的形成非正式的、临时性协作联系，只要是出于共同的目标而自愿联合在一起的意愿和行为，都属于组织间联系范畴。于是，尽管当前组织间联系理论发展主要集中于对战略联盟、合资企业、产业协会等方面的关注，但根据范德芬（1976）所建立的较为宽泛与包容力的组织间联系观点，组织间联系的形式具有多样性，绝不应对组织间联系本质的理解狭义化，从而使研究仅局限在对那些较为长期的契约性交易关系的考察上。

可见，创新实践中企业与顾客间的联系无论表现为何种形式，都是为了实现特定创新任务而发生在跨组织界面、基于资源交换的联系与协作。然而，现有文献将企业—顾客互动界定为企业与顾客双方在创新过程中进行的认知、语言和行为等方面的互动活动，表现为具体的过程、事件和行为（马廷等，2004），强调企业—顾客互动是一个行为层面的概念。结合组织间联系理论看，这存在一定的片面性，因为它仅关注了发生在企业—顾客互动间的实际动态活动，却忽略了企业—顾客互动作为一个行动系统，它本身也具有一定结构型态，显然，具体创新实践中企业—顾客互动结构型态表现出多样性。

此外，尽管当前研究指明企业—顾客互动是发生在企业—顾客互动界面的双向联系活动与行为，然而在维度解析时往往还是进行单方考察，如只分析创新中顾客单方可能从事的各类行为与活动，缺乏对企业—顾客双向（bi-directional）互动行为的关注，换言之，企业—顾客互动没有被视为一个统一整体进行考察。因此，组织间联系理论有助于我们从系统化视角深入挖掘企业—顾客互动内涵，并有望突破原有研究的局限或片面性，为企业—顾客互动维度与要素解析提供一个全面整合的框架。

综上，可以认为企业—顾客互动在本质上是基于资源交换的组织间联系，它发生在企业与一个或多个顾客之间，为创新实践所必须的学习与资源分享提供了机会（戈斯，浩朴，1997）。创新实践中，企业与顾客共同面临着复杂的创新任务，顾客缺乏足够能力独立解决问题，从而向企业寻求帮助；与此同时，企业对顾客在资源上也具有较高依赖性，于是双方集合起来共同行动。如企业进驻现场去观察与分析顾客，通过各种方式与顾客进行沟通；企业与顾客不断在创新实践活动中对话与协商，以产生对服务创新而言意义重大的嵌入性知识；为执行某一特定任务时，在跨企业与顾客组织界面上进行知识的搜寻、撷取、交流与学习的创造活动（哈加东，萨顿，1997）等等。因此，作为企业获取顾客这种关键性资源的“桥梁策略”（斯科特，1992；格勒尔，洪堡，2000a），企业—顾客互动本质上是企业—顾客为完成某个复杂创新任务而集合在一起所形成的行动系统。

第二，基于市场营销理论，企业—顾客互动概念紧密地与市场导向及顾客导向概念关联（阿拉姆，佩里，2002）（如图 2－2 所示），这促进我们进一步明晰企业—顾客互动的内涵。

首先，创新中的企业—顾客互动是顾客导向下的一种表现形式，即顾客导向的行为层面，是一种致力于产生顾客信息，向顾客学习和与顾客共同学习的工作方式。根据纳维尔和斯莱特（1995）的观点，市场导向保证组织持续不断的监测、分析与学习顾客当前与未来的需求与偏好、技术的影响力以及其他环境力量，并根据这些知识调整企业的行动，以开发出针对顾客需求的优质解决方案，获得竞争优势（斯莱特，纳维尔，1995）。而市场导向由顾客导向、竞争者导向和职能间导向构成。纳维尔 & 斯莱特（1990）进一步指出，提升市场导向程度的企业必将改进其市场绩效，而市场最终是由其顾客或顾客需求决定的，因此市场导向的本质或关键要素就是顾客导向（鸿翥吉马，1996）。可见，企业—顾客互动体现了顾客导向的内涵，从具体实施的角度看，顾客导向的企业将其主要努力用于获得与使用顾客信息，并在该信息基础上开发战略计划，然后实施计划以响应顾客需求（鲁克特，1992），它分别体现在价值观层面与具体行为层面。

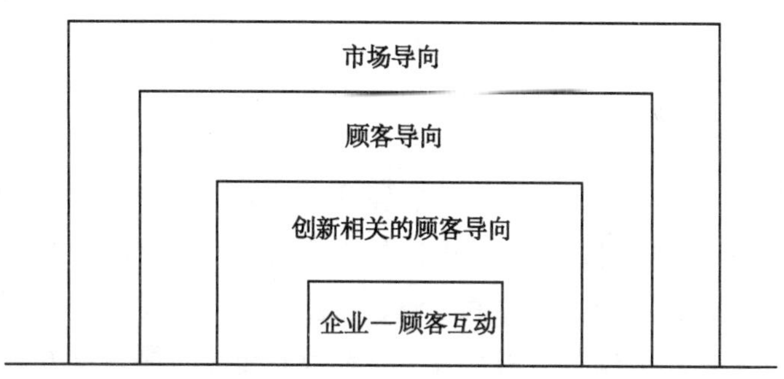

图 2－2 企业—顾客互动与相关概念关系的示意图

资料来源：在 Lüthje（2004）研究基础上整理而成。

其次，企业—顾客互动是顾客导向的一种方式，它致力于开发关于顾客需求、行为、变化的要求等一系列顾客知识，为了开发出应对顾客问题的解决方案，顾客与企业多功能团队的互动能够改进信息扩散的过程。根据科利和贾沃斯基（Kohli，Jaworski，1990）的观点，市场导向是组织范围内的信息产生与传递，并据此找到应对当前和未来顾客需求与偏好的恰当方式。可见，市场智力的产生依赖于大量互补性机制。这些机制包括与顾客开会与讨论、分析顾客数据库、正式的市场调查。

再次，企业—顾客互动体现了企业所采取积极性顾客导向策略。最近市场导向领域的研究成果还区别了反应型市场导向与积极性市场导向的不同之处。反应型市场导向将组织的注意力集中到理解其所服务的顾客已表达的需求并开发出满足该需求的产品和服务，于是反应型市场导向组织典型地使用反应型技术，如焦点群体和顾客调查，来获得对顾客的理解（伦纳德，雷波特，1997b）。相对应地，积极性市场导向组织努力理解并满足顾客的潜在需求（纳维尔等，2004），即那些无法被顾客清楚说明的当前需求。可见，企业—顾客互动是一种积极性市场导向策略。

最后，企业—顾客互动概念还融合了让玛尼和库马尔（2008）提出的互动导向的内涵。传统市场导向强调企业对统一整体的市场需求进行分析，然而，随着顾客越来越强烈地期望企业能够不断定制化其产品或服务以满足其个性化需求时，市场营销经理日益重视从一个市场整体层面转向个体层面思考顾客需求。让玛尼和库马尔（2008）指出，传统市场导向聚焦于整个市场，然而，每一次营销行动应该分析的基本单元却是个体顾客，因此有必要转变为互动导向（interaction orientation），这反映了一个企业与个体顾客进行互动，并从持续互动中获得信息以帮助企业达成有利顾客关系的能力。个体顾客在决定与企业互动时应该被允许有更多的发言权，当特定顾客与企业互动时，企业应该证明它是其重要的合作伙伴。因此，企业—顾客互动是发生在企业与少数甚至一个顾客之间的行动，它促使企业能够不断提炼关于异质性顾客需求与偏好的知识。

综上所述，依据组织间联系理论与市场营销理论文献，本书将企业—顾客互动界定为：基于共创价值导向，企业—顾客间集合在一起围绕特定创新任务的实现而形成的行动系统，它涉及是企业与顾客双方共同围绕特定创新任务而形成的过程协作机制及动态活动。

（二）企业—顾客互动的维度

既然企业—顾客互动本质上是一种组织间联系，是企业—顾客集合在一起形成的行动系统，因此，为了实现创新目标，企业—顾客互动作为一个社会行动系统采取了相应的结构与过程以组织其成员活动，于是，企业—顾客互动可划分为结构维与过程维两个维度（范德芬，1976）。

其中，结构维指的是行政安排，它被用于界定企业—顾客间的角色关系。同时，相较于对结构维度要素的考察，大多数学者更关注组织间是否存在实际的资源流动或活动发生，因为组织间协作中的结构安排在达成有形结果时通常会遭遇失败，所以将对组织间联系的考察聚焦于实际发生于其中的动态活动是有根据的。过程维指的是企业—顾客间实际的资源与活动发生的方向与频率，包括资源与活动两个要素。在对组织间动态活动具体考察时，可根据研究需要从单个组织角度分析，也可将组织间联系视为一个整体来分析。由此，企业—顾客互动结构维与过程维构成了企业—顾客合作创新的行动系统，以指导和组织创新实践。

三　KIBS 企业—顾客互动的核心要素

前文应用组织间联系理论与市场导向相关领域成果，从系统化视角深入挖掘企业—顾客互动内涵，并提出了企业—顾客互动的维度划分思路。由于本书关注的是 KIBS 企业服务创新实践，为此，基于前文对企业—顾客互动内涵与维度的阐述，有必要结合 KIBS 企业服务创新特征，进一步明晰 KIBS 企业—顾客互动的核心要素，为后续研究奠定一个完整的理论框架。

在解析 KIBS 企业—顾客互动结构维与过程维的具体要素时，首先需要注意以下两点：

（1）企业—顾客互动聚焦于企业与特定顾客（一个或多个）在创新过程中持续紧密的互动实践。由于本书对企业—顾客互动的研究主要在 KIBS 企业服务创新情景中展开，相应地专门化创新（加卢奇，2001）居多，因此，KIBS 企业—顾客互动更多呈现为较为简单的一对一的 KIBS 企业—顾客间联系。

（2）企业—顾客互动刻画的是发生在企业—顾客互动界面的双向联系活动与行为，当前的研究较多地分析企业或顾客某一方可能从事的各类行为与活动，如有学者详细考察了信息系统开发中顾客可能表现出的所有行为，此外许多对顾客参与的研究，通常也只分析企业或顾客的单方行为，而未考察企业—顾客双向的行为协作与联系。显然，本研究是将 KIBS 企业—顾客作为一个行动系统，必然是从整体层面来分析互动过程维。

在解析 KIBS 企业—顾客互动结构维与过程维的具体要素时，还要明晰 KIBS 企业服务创新的特征。

基于对知识密集型服务特征及其提供过程的深入思考，加卢奇和威因斯坦因（1997）在萨维奥蒂和梅特卡夫（Saviotti，Metcalfe，1984）的基础上提出了服务创新的一般运作模式（简称 G 模型）（见图 2 -3），即服务和产品可以由四个代表特征和能力的向量表示，分别是：最终服务特性（Y）服务提供商技术（T）服务提供商能力（C）以及顾客能力（C’），服务创新就是产品或服务的一个或多个特征向量的变化。

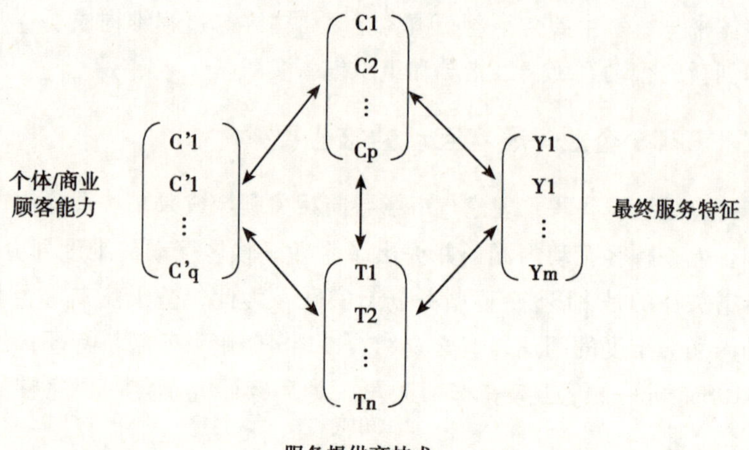

图 2 -3　服务创新运作模式

资料来源：加卢奇和威因斯坦因（1997）。

为研究组织网络化发展和顾客技术被纳入合作创新过程所带来的影响，迪威瑞斯（2006）对 G 模型进行了完善，并运用多案例研究方法进行实证。他认为实践中越来越多的产品和服务是由提供商网络实现的，即多个提供商形成一个共同的网络企业为顾客提供最终服务，提供商之间的技术与能力将产生大量的关联作用。这种观点在部分学者研究中曾有出现，如桑博和加卢奇（1998）发现许多创新是由服务企业形成一个共同的网络企业进行的；在研究医院创新动态性时，贾拉勒和加卢奇（2005）采用一种组织间相互作用的视角，强调不同组织之间技术和能力的整合。迪威瑞斯（2006）还指出，在与单个或多个提供商合作生产时，除顾客能力外，顾客技术也将参与创新，直接与提供商技术发生作用。因此，在 G 模型基础上，迪威瑞斯（2006）将单个提供商的技术和能力调整为多个提供商的技术和能力，并明确区分顾客能力与顾客技术（见图 2 -4）。

上述两个服务创新运作模型都清晰地表明，KIBS 企业服务创新是跨越组织边界整合服务提供商与顾客双方技术与能力的过程，表现出相应的

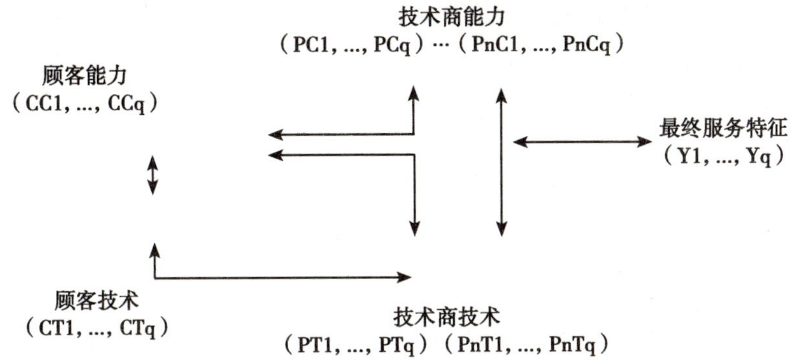

图 2－4　经扩展的服务创新运作模式

资料来源：迪威瑞斯（2006b）。

结构与活动的特征。

首先，服务创新场所跨越 KIBS 企业—顾客组织边界。对于 KIBS 企业服务创新场所特征，贾拉勒等（2003）认为传统制造业创新观念认为服务业中没有 R&D 部门，也没有相应的 R&D 活动，是因为它强调 R&D 是一种有意图、有组织的活动，排除了从实践经验中通过学习来“有机”地获取知识。服务企业“新知识系统化创造”的某些特质表明，服务提供中的交互性特征，以及体现交互性的场所“界面”，构成了服务活动的基本驱动力，成为服务企业研究实验室的场所之　（贾拉勒等，2003）。而 KIBS 企业与顾客的界面是服务创新中最显著的实验场所之一，这意味着服务创新过程中需要对跨组织边界进行共同组织。

其次，顾客是决定与衡量服务创新产出成效的重要主体。对知识密集型服务创新来说，顾客往往处于核心与主导地位，不仅与 KIBS 共同引导支配着服务创新的进程与方向，也是服务创新成败的重要衡量主体，因此创新过程推进中 KIBS 需要持续地就各方面问题与顾客进行协商，进行集体决策。

再次，服务创新资源投入具有显著的分布性与动态积累性特征。拉森（2001）采用“分布的知识系统观”，指出 KIBS 企业的知识基与其员工的知识有内在相关性。换言之，KIBS 企业的员工与内部/外部的同事和顾客进行社会交互的方式决定了企业的知识基，而不仅仅是内在可用资源的总和。具体而言，一方面，创新中所需要的技术知识分布在企业内部，除了专家，还包括一般性员工；另一方面，创新中投入的知识不仅来自于专业的服务提供商，也可能来自具备较高专业素养的顾客。此外，创新知识甚至源自于服务提供商与顾客间的持续互动过程（安东内利，克里斯蒂亚诺，1999），创新所需求的知识不仅源自于企业的可用储备，更依赖于服务创新实践中即刻获取的信息与知识，它们具有显著情景依赖性。

最后，服务创新开发过程具有显著的共同创造特征。KIBS 企业服务创新具有显著的“专门化特征”，即服务创新是为一个或多个特定顾客提供一项特定的新颖的解决方案的过程，具有很强的针对性，不能够完全地被复制应用到其他顾客身上。并且，由于知识密集型服务的无形性、异质性、不可分性、高知识密集性等特征，要为需求个性化、差异化的顾客提供高度个性化的知识定制服务和专业知识设计，其过程必然伴随着服务机构与顾客间的频繁信息沟通和强烈的互动。于是，创新过程中 KIBS 企业—顾客双方会表现出共同参与并协作的行为及活动。

综上所述，于是本书对 KIBS 企业—顾客互动结构维与过程维的具体要素提炼如下：结构维包括共同组织与共同决策两个要素；过程维包括资源共享与任务协作两个要素。具体阐述如下：

（1）共同组织。共同组织是指 KIBS 企业—顾客间就如何进行双方交换与合作活动所共同制定并遵循的规则、政策与程序的程度，它集中体现了对双方行动与运作规则等方面的共同考虑及安排。关于企业—顾客间合作关系的任何具体说明，只要它被双方共同表达出来，书面化、契约化或操作化，则企业—顾客互动共同组织程度就上升。有学者指出，如果共同制定的互动规则与程序不为多数人了解或遵守，那么就不能称之为共同组织，因此共同组织还需要包括行为要素，即规则被切实执行与遵守（沃尔什，杜瓦，1987）。因此，KIBS 企业—顾客间共同组织程度可以用两个指标来测度，一是规则、政策、程序被共同建立起来以指导企业—顾客双方交换、交易或协作活动的程度，二是企业—顾客双方在创新过程中共同遵循与应用程序（如议程、记录资料等）的程度。

（2）共同决策。共同决策是指 KIBS 企业—顾客作为行动系统中的主体，在创新过程中通过集体协商的方式解决不同意见与观点的程度，即，代表 KIBS 企业—顾客双方观点的成员之间进行协调决策的程度（范德芬，1976），这涉及决策成员的构成和决策机制的制定。在创新的实际运作中，KIBS 企业代表技术，顾客代表市场，不同专业和经验背景下的成员面临着较多的分歧甚至冲突，例如，相较于顾客关注其现实或潜在需求是否能够得到满足，KIBS 企业更关注这些需求能否及如何在技术层面得以实现。于是，作为一个互动系统，KIBS 企业—顾客间建立共同决策的委员会、指定双方决策成员的构成、制定相关决策机制，以及能否在做决定时主动征求与充分考虑双方意见与观点体现了通过民主协商方式进行集体决策的轨迹。

（3）资源共享。资源共享是指 KIBS 企业与顾客在信息、技术甚至社会资本方面进行的共享活动，它体现了创新过程中双方可以接触并调用对方资源的程度。从资源依赖理论的角度讲，如果一个组织非常需要一种专门技术或知识，而这种知识在这个组织中又非常稀缺，并且不存在可替代的知识来源，那么这个组织将会高度依赖掌握这种知识的其他组织（普费弗，萨兰西克，1978）。对创新实践而言，推动创新的关键而稀缺的资源分布在 KIBS 企业与顾客两端，双方应该分配足够的时间和资源给合作开发过程，于是，互动系统中基于资源流动的共享是创新过程中 KIBS 企业—顾客互动的核心活动之一。

（4）任务协作。任务协作是指创新具体环节中，KIBS 企业与顾客分别承担起相关的工作与职责并相互帮助以解决问题与渡过难关的过程，它表征了 KIBS 企业—顾客双方为了创新的实现所做出的适应性调整。KIBS 企业—顾客互动系统可以被看成是拥有不同技能并执行复杂的、不确定性任务的有机系统，掌握不同知识技能的成员需要在这些平台上达成高度的相互沟通、配合与协作（图利等，2007）。通过任务分配、角色界定，来自不同专业背景的专家明晰并承担自己的责任并共同行动，实现相互协调与合作，于是，互动系统中基于任务的协作是创新过程中 KIBS 企业—顾客互动的核心活动之一。

第三节　KIBS 企业—顾客互动与服务创新关系的研究综述

一　KIBS 企业—顾客互动与服务创新关系的理论解释

关于 KIBS 企业—顾客互动与服务创新关系在理论上主要集中于以下几点：

第一，从 KIBS 企业与顾客互动的动机看，减少服务创新过程的风险与不确定性是其中重要的因素。

服务创新实践可以被视为是不断降低不确定性的一个过程（利文斯，蒙纳尔特，2000）。不确定性是组织与组织活动中的核心概念，根据加尔布雷思（Galbraith，1974）的界定，“不确定性”是完成任务所需要的信息数量与组织中已拥有信息数量的差距，即信息“缺口”。当不确定性程度较高时，要求组织通过收集更多的信息，即更广泛的信息处理活动来减少不确定性。在服务创新项目情景下，不确定性可能出现在项目需求的不可预测性、复杂性或多样性时。当顾客不确定性较高时，即对顾客需求的清晰了解程度越低时，服务开发者能够开发出满足顾客需求的成功概率也相应减低。于是，服务开发者很可能通过接触现实或潜在顾客的观点或建议来改进与调整其创新。就产品创新而言，传统上主要通过预先的市场调研来识别与发现顾客的需求，然而，现有的市场营销理论与工具在识别顾客潜在需求方面存在着极大的不足。尤其是服务创新中服务是活动、事件或过程与互动，希望预先获得来自顾客的相关反馈是有困难的。于是，为促进对顾客的积极学习从而理解其现实或潜在需求，降低服务提供商的“已知不确定性”，最近研究强调创新开发过程中企业必须在实际行动中观察顾客，并积极与顾客互动（马汀，霍思，1995；德斯卡等，1999）。

此外，市场营销文献也指出新服务开发中顾客导向的重要性（蒙托亚，卡兰托内，1994；鸿翥吉马，1996；约尔，斯托里，1998；阿拉姆，佩里，2002），因为越是顾客导向的企业越有可能传递更好的服务质量与提升顾客满意度（哈特兰等，2000）。那么如何操作好与实施顾客导向创新呢？对此，大量的批评指向传统的市场研究技术，它们不能传递关于顾客潜在需求的信息（格里芬，豪翠，1993；伦纳德，1995）。即使新的技术与方法变得能够阐明顾客的潜在需求，多数组织仍然聚焦于满足顾客表达的需求（斯莱特，2001；弗林特，2002；达午斯滕，2003）。相应地，与顾客互动以获取顾客需求信息成为降低不确定性的较好选择。

当然，也有研究指出，与顾客互动本身也会导致服务创新不确定性的显著提升。对与顾客互动所导致的创新不确定性，马汀等（1999）认为受两个情景变量的影响：顾客需求多样性与顾客参与创新的意向。顾客需求越多样化，投入不确定性越高；顾客参与意向越强，越是趋向于贡献更多的行动，投入不确定性就越大，因为组织对于顾客实际将做的内容拥有的是不完整信息（拉森，鲍恩，1989）。也有研究指出，当顾客被当作创新的一种投入资源时，企业视其为“兼职员工”（米尔斯等，1986）对待，而顾客行为并不受到企业员工守则的约束，这导致创新过程不确定性上升，引发控制风险，在这种背景下的创新是“脆弱的”。

第二，从创新源角度看，KIBS 企业—顾客互动是企业积极利用外部顾客创新资源，进行合作创新的重要选择。

服务创新是一个复杂的过程，它既可能是正式的、系统的创新过程，也可能是非连续的创新过程，在这个过程中，来自企业内外的各种力量互相作用，共同推动着服务创新的进行（桑博，1998）。以加卢奇（2001）为代表的“服务导向方法”指出市场力量对于服务创新具有决定性作用，特别是顾客或用户作为“合作生产者”触发了大量服务创新。在桑博（1998）的研究中，他强调顾客是最重要的创新思想的来源，甚至参与整个创新过程，从某种程度上说，服务提供者和客户之间的界面可以看作是合作创新的实验室。特别地，当 KIBS 企业越具有创新性时，顾客作为创新信息源的重要性也相应增强，这在欧洲 SI4S 的服务创新研究中也得到了证实。

根据加卢奇（1997）的分析，KIBS 企业与顾客共同投入、共同开发、共同传递的过程在本质上是一个有组织的、广泛的、均衡的互动，服务提供商和顾客将不同集合的能力和才干汇集到协作中来，而这些能力的相互匹配将影响到开发过程进行以及最终产出绩效。穆勒和岑克尔（2001）甚至认为，KIBS 企业—顾客互动不仅有利于整合双方能力应用于创新，还最终能促进 KIBS 企业—顾客各自创新能力的积累与提升。

当然，从整合企业或行业特定知识和一般知识，到实际产生了“新”的知识，KIBS 企业与顾客共同创造的过程显然需要相应的条件给予支撑。加卢奇（1997）指出，首先，服务提供商应具备一定的专家能力，没有足够的内部专家能力，即使是最好的外部投入也是枉然，因为服务质量最终取决于内部专家。同时，顾客的吸收能力至关重要，因为外部服务提供是一个过程，而不是一瞬间的购买，这是一个知识转移的过程，要求互动式学习，显然一个业务单元必须拥有一定程度的知识和学习能力，从而能够识别信息的重要性并吸收新知识。其次，除了能力的匹配，还需要能力运用上的匹配，如双方是否愿意并有能力将自己的想法传达给对方？双方是否有良好的沟通平台与相应技能？双方是否分配足够的时间和资源给合作开发过程？显然，如果服务提供商没有足够的机会了解顾客的特定情景，那么其技能对于合作开发过程来讲是无关紧要的。最后，共同创造的过程是案例和情景依赖的，该过程的多样性很显著，需要双方具备应对不确定性的能力。

第三，从知识创造的角度，KIBS 企业—顾客互动为服务创新中跨边界知识活动提供了机会与平台。

在对 KIBS 企业—顾客合作联系本质的分析中，众多学者阐述了其对于知识转移与知识共享的促进作用。一方面，KIBS 企业整合不同领域的知识和能力来解决其顾客的创新问题；另一方面，互动式创新理论指出，KBIS 企业与顾客的知识流不是单向的，KIBS 企业也从与顾客的互动中获得知识，从而提升了自身的知识基。斯翠巴奇（2001）针对互动过程提出了一个三阶段的知识处理模型：①知识获取，KIBS 企业在互动过程中获取隐性和显性知识；②知识整合，KIBS 企业将从互动中获得的知识与其现有知识进行整合，通过这个过程产生新的知识，为下一轮的知识处理提升吸收能力；③知识扩散。KIBS 企业将新知识应用到新服务开发过程中，从而为与顾客互动及转移新知识提供了新机会。显然，这个过程是一个互动式的、持续的、互惠的过程。类似地，穆勒和岑克尔（2001）指出，KIBS 企业通过与制造型中小企业联系互动，能够更好地激活内部与外部创新资源，从而能够发展其自身知识基础与创新能力。而且 KIBS 企业与制造企业的互动扮演着需求拉动因素，强迫 KIBS 企业不断地构建新能力，跟上知识领域的最新发展（斯翠巴奇，2001）。

可见，基于知识的 KIBS 企业—顾客间联系一定程度上解释了与顾客合作对服务创新带来的好处。正如肖（1985）所总结，KIBS 企业—顾客互动有利于提供补充性的知识，包括顾客技术性的 know-how 知识；有助于在性能和成本之间取得平衡，尤其是对产品/服务标准的设定过程更好地达成顾客的需求目标；有利于增进对顾客行为的理解，以对创新进行改进；有利于提高同一顾客群内其他企业对解决方案接受的可能性。

进一步地，库西斯托等（2008）从服务提供商的角度指出，KIBS 企业基于顾客进行创新的重要性具有直觉上的正确性。正如桑博（2006）所言，知识服务多数是采取提供建议的方式，这通常要求服务提供商与顾客之间在解决特定问题时有着紧密的互动，顾客总是被深入地纳入知识服务生产以及服务变革之中，这意味着知识服务的创新具有专门化特征（加卢奇，戈德雷，1996）。加卢奇（2001）还指出，当服务提供商与顾客合作时，除顾客能力外，顾客技术也将参与创新过程，可见，KIBS 企业与顾客将在人员、信息、技术甚至社会资本方面进行资源共享。此外，“倾听客户的声音”意味着 KIBS 企业要深入现场理解客户的需求，然而，仅仅理解也是不够的，顾客必须被激活（拉格森，2005），从而使顾客自身也会投入到合作开发任务中，主动地通过活动与行为表达自身的现实与潜在需求。更为重要的是，对服务创新来说，顾客往往处于核心与主导地位，与 KIBS 企业共同支配着服务创新的进程与方向，也是服务创新成败的重要衡量主体，因此创新过程推进中 KIBS 企业需要持续地就各方面问题与顾客组织进行协商，进行集体决策。从顾客角度看，隆德奎斯特和亚赫夫（2004）就顾客为何有兴趣对服务创新提供其洞察力进行了解释，他们认为，一是与顾客互动提供给参与者归属感和身份，二是一些与提供物本身相关的利益，三是顾客积极参与动机源自于参与创新，委托人（顾客）能够监督代理人（企业）对服务合同的履行（拉森，鲍恩，1989），在这种情形下，顾客被引导相信或感觉到他们是能够影响 KIBS 企业对某些对其特别有价值的服务特征进行了整合。

二　KIBS 企业—顾客互动与服务创新关系的实证研究

（一）信息处理视角的研究

当前对于 KIBS 企业—顾客互动与服务创新关系的研究主要是从信息处理视角出发，认为 KIBS 企业—顾客互动过程是降低信息不确定性的过程，于是实证研究关注 KIBS 企业—顾客互动与服务创新关系间的直接相关关系。

马汀等（1999）认为企业—顾客互动是区别服务创新与产品创新的一个关键概念。阿拉姆和佩里（2002）分析了在新服务开发各个阶段如何获得顾客投入。发现，企业—顾客互动对于开发一个高质量且差异化的服务是非常必要的，而且顾客投入有利于缩短新服务开发周期。在所调研企业中，顾客几乎全程参与了新服务开发过程，尤其是在概念产生与筛选，和市场测试与商业化阶段，用户参与强度最为显著。并且作者建议，除了正式的市场调研和开发一个有计划正式的获取顾客投入的流程外，管理者应更积极地开发与顾客的长期关系，在顾客期望的成功新服务开发中视其为创新合作伙伴。

采用不同的视角，一些学者认为，将顾客纳入创新并不是必需的，因为用户通常只具备有限的能力来为创新过程提供投入（克里斯滕森、鲍尔，1996；哈默尔，普拉哈拉德，1994；伦纳德，巴顿，1992；马丁，1995）。马丁等（1999）认为，顾客参与创新将导致投入不确定性源自于两方面：一是顾客需求多样化；二是顾客为服务创新过程提供劳力或信息而积极参与的程度。据拉森和鲍恩（1989）研究，顾客越是趋向于贡献更多的行动，投入不确定性就越大，因为组织对于顾客实际将做的内容只拥有不完整的信息。并且，因为顾客需求的多样化与动态性导致的创新投入不确定性，将迫使企业改变创新过程要素来应对可能出现的问题，具备战略柔性（乔希，夏尔马，2004），处理不当，可能导致企业在创新中处于被动地位。

借鉴格勒尔和洪堡（2000）针对新产品开发中顾客互动程度与新产品成功的关系研究，卡波纳等（2009）分析了 KIBS 企业—顾客互动与新服务开发（基于技术的新服务）绩效的直接与间接关系。其中，新服务开发绩效划分为运作维度（技术质量与创新速度）与市场维度（竞争优势与销售绩效）。研究结果显示，KIBS-顾客互动对技术质量与创新速度分别有正的影响，而 KIBS 企业—顾客互动对竞争优势与销售绩效没有直接影响；KIBS 企业—顾客互动通过技术质量与创新速度对竞争优势产生间接影响；而 KIBS 企业—顾客互动通过技术质量对销售绩效有间接影响，创新速度的中间效应则未被证实。可见，KIBS 企业—顾客互动并不能预测新服务项目的市场绩效，在 KIBS 企业—顾客互动与竞争优势和销售绩效间没有发现直接的关系。然而，这并不意味着 KIBS 企业—顾客互动就是没有价值的，事实上，KIBS 企业—顾客互动通过正面影响运作产出（技术质量与创新速度）从而对市场产出产生间接影响。

综上，对于 KIBS 企业—顾客互动能否促进服务创新绩效还存在不同的观点。并且，现有创新研究从信息处理视角理解顾客参与，包括对服务创新的研究也是从信息处理视角，因此研究逻辑是分析顾客参与是否直接地影响创新绩效；在本研究中，对 KIBS 企业—顾客互动的界定要求进一步解析 KIBS 企业—顾客互动对服务创新绩效的作用机制。

（二）知识过程视角的研究

还有一些研究旨在从知识过程的视角分析服务创新中的 KIBS 企业—顾客互动。这类研究以案例研究居多，主要在于理论性阐述。

马廷等（2004）考察在新服务开发中促进向顾客学习及与顾客共同学习的新方法。他认为，顾客集生产者与消费者身份于一体的特性以及服务开发返回到非正式与专门化努力的趋势，使得顾客参与创新过程属情理之中且非常重要。通过较早且密集地将顾客纳入创新，服务企业能够促进学习、减少被模仿的风险、超越竞争对手。作者认为，互动不仅是服务的焦点，也是顾客参与的本质，因此应加强促进顾客信息与知识创造的支持性工具。

隆德奎斯特和亚赫夫（2004）从对话视角来探索 KIBS 企业—顾客互动，认为，KIBS 企业—顾客互动不只是从一方向另一方转移预先存在的信息、想法和知识，也提供了共同构建信息、想法和知识的重要机会，并且也包括了参与方之间意图的转移，导致了集体行动。作者批评了传统信息处理视角对顾客参与的理解，认为隐性和黏性的信息与洞察力不能够从产生它的社会背景中分离开来，需要更为丰富的社会互动和沟通过程，从而解释了 KIBS 企业—顾客互动的必要性与重要性。根据隆德奎斯特和亚赫夫（2004）的观点，KIBS 企业—顾客互动是开发一种共享语言的途径，是促进知识共同创造的先决条件。对话不是被动的（认知的）过程，无论是听者还是说者都应积极地参与理解与分享和创造想法。通过对话，各成员被转变成一个集体行为者，受保持社会命令连续性的要求驱动。因此，如果 KIBS 企业寻求将顾客纳入其创新过程，他们必须在界定服务和产品的意义以及建议新变革时将顾客视为合法正当的行为者与积极的参与者，顾客即员工，是延伸的服务开发团队。

斯翠巴奇（1997）针对 KIBS 企业—顾客互动过程提出了一个三阶段的知识处理模型：①知识获取，KIBS 企业在互动过程中获取隐性和显性知识；②知识整合，KIBS 企业将从互动中获得的知识与其现有知识进行整合，通过这个过程产生新的知识，为下一轮的知识处理提升吸收能力；③知识扩散，KIBS 企业将新知识应用到新服务产品或过程中，从而为与顾客互动及转移新知识提供了新机会。显然，这个过程是一个互动式的、持续的、互惠的过程。

肖（1985）总结道，KIBS 企业—顾客互动有利于提供补充性的知识，包括客户技术性的 know-how 知识；有助于在性能和成本之间取得平衡，尤其是对产品/服务标准的设定过程更好地达成客户的需求目标；有利于增进对客户行为的理解，以对创新进行改进；有利于提高同一客户群内其他企业对解决方案接受的可能性。

综上，当前从知识过程视角考虑 KIBS 企业—顾客互动对服务创新的影响研究中，较多地提及了顾客知识转移、知识获取等概念，缺乏从知识整合视角分析 KIBS 企业—顾客互动对服务创新的作用机制。

第四节 知识整合研究综述

一 知识整合

在知识管理过程中，知识应用是一个极为重要的方面，只有知识被应用于产品的更新与创造时，知识才能为企业带来实质的价值，因此，知识资产的价值高低程度取决于它在组织运作中能被实际应用的程度，善于应用知识的组织必然能够更好地、持续地将其智力资本转化为创新性的产品或服务。

知识整合就是知识应用中最关键、最根本的层面，也是知识管理的首要任务和本质（格兰特，1996）。知识整合是部件知识转变为架构知识的过程（亨德森，克拉克，1990），就其本质而言，是不同来源、不同载体、不同形态的知识，进行排列重组、交叉和创造的过程（杜静、魏江，2004）。从知识分布规律来看，企业中不同员工和不同组织拥有不同的知识，于是要求要求企业拥有跨领域、跨专业和跨学科的解决问题能力，促进个体知识集成为团队或更高层面的知识。现有不少研究都表明，企业各类行为的实质就是将组织知识转化为产品或服务以及产生新知识，这关键取决于组织的知识整合能力，即系统化能力、协调能力与社会化能力三方面。

基于知识基础观，格兰特（1996）认为企业的主要功能就是整合其个体成员的专业化知识，整合的知识而非知识本身形成企业的核心能力。德鲁克指出，组织可以让离散的知识转变成专门的知识，知识越专有则效用越大，所以组织的功能是使知识产生成效。他进一步指出，单一的专门知识不能成就工作任务，必须与其他知识整合起来才能发挥效果。

伊思希提和克拉克（1994）进一步拓展了对知识整合的理解，认为组织知识整合包括两大内容，即市场不确定性下的客户知识整合和技术不确定性环境下的技术知识整合；并将知识整合分为两个方向，一个是内部的跨功能整合和广泛解决问题，另一个是外部的技术整合和顾客整合。组织知识的内外部整合构成了企业能力的基础，它们既相互区别又紧密联系，外部整合是内部整合的条件，内部整合是外部整合的基础。

格兰特（1995）认为，知识除了在组织内部整合外，知识还能够通过跨组织联系进行外部整合，组织间联系为组织接近和整合新知识提供了有效率的机制。于是，企业要想获得竞争优势就必须扩大与外部其他组织联系的范围。外部联系越多，企业获得互补性或异质性知识的机会就越大，从而改善了企业内部资源，有利于提升企业创新能力。例如，组织整合顾客知识涉及潜在顾客和他们的产品使用信息和知识，用来发展流程和工程方面的细节，这使组织能够很好地预测客户需求，并采取相应的行动。

学者在对知识整合进行界定时有两种方式，一种将其理解为对异质的、分布式群体中的多个体间知识进行整合，如奥克森，艾森哈特（2002）认为，既然知识为个体所拥有，而组织中的许多情景恰恰需要那些拥有专业知识的个体在群体层面得以应用，因此有必要在集体层面实现个体知识整合。因此，知识整合不是对分散知识的一种简单收集和汇总，相反，知识整合是经过深思熟虑后对这些分散知识的有机合并与综合（奥克森，艾森哈特，2002）。另一种界定考察对不同领域知识实现整合，如萨巴瓦尔和贝切拉.费尔南德斯（2005）运用一个特定知识（情景特定知识、技术特定知识、情景和技术特定知识）的分类框架分析知识整合的路径和机制。

近来有研究融合了上述两个层面的界定，提出了一个更为丰富化的跨群体的跨领域知识整合概念。基于格兰特（1996）的观点，组织中的知识整合可以被理解为一个“整合层级”，即促进较大跨度的知识在较高层级实现整合。在知识整合的较低层级，一种特定知识在跨个体和群体间得以整合，从而包含由于专业化带来的被缩小的知识宽度，整合特定领域的知识体现了知识在组织中得以分享和应用的程度。而在知识整合的较高层级，多样化领域的特定知识被综合整理，从而使新知识得以产生，或通过知识实现价值创造。

跨群体的跨领域知识整合概念还被延伸到对项目层面的研究中来。如针对复杂技术与产品开发情景下的知识整合，卡莱尔和雷本蒂施（2003）提出了一个知识转换的循环模型（存储，检索，转换），强调知识整合任务的复杂性，其中，客观环境的变化、不同领域知识之间的相互依赖性、不同来源知识之间的差异成为知识整合的主要阻碍因素。萨巴瓦尔和贝切拉.费尔南德斯（2005）开发了一个特定知识（情景特定知识、技术特定知识、情景和技术特定知识）的分类框架，并进一步考察了四种整合机制的效果。蒂瓦纳（2001）将知识整合定义为团队将个体持有的隐性和显性知识合成为新的、团队层面的、特定项目的过程。阿拉维和蒂瓦纳（2002）则将知识整合界定为将个体专业知识整合为情景特定的系统知识，进一步提出知识整合是使团队保持专家地位并使新外部知识共同促进项目完成的能力。针对联盟伙伴企业的产品开发问题，蒂瓦纳（2008）认为，知识整合通过将联盟成员间的专业知识应用于项目特定活动上实现了价值创造，知识整合强调知识的接触与应用，而不是获取，知识在项目层面的协作性应用有利于转变为联盟绩效。

基于上述研究，针对服务创新情景下的知识整合，本书将其界定为KIBS企业—顾客双方成员在项目层面协同性利用与整合内外部专业知识的过程。这个知识整合的过程允许合作伙伴发展出针对服务创新应该呈现什么样子以及如何去实现它的共享概念。

值得注意的是，知识整合与知识转移及知识共享的概念是有显著区别的。知识转移一般涉及知识发送方、知识接收方，以及转移知识的渠道（古帕，戈文达拉扬，1991）。它是知识从一方转移到另外一方的过程。经过知识转移之后，知识接收方一般可以获得所转移的知识（达尔等，1995）。知识共享是对知识的贡献和分享，可以被看作是知识转移的一个特例（蒂瓦纳，麦克莱因，2005）。知识共享是知识的供给，它不能保证其他人（或者单位）能够接收到或者利用这些共享出来的知识。根据蒂瓦纳和麦克莱因（2005）的观点，尽管知识应用可以通过知识转移或知识共享的方式得以实现，但如果转移的是隐性知识，那么知识转移就不是一个恰当的机制，而知识共享是更为局限的知识转移，当知识具有黏滞性特征时，它不能确保为个体成员所拥有的知识能最终被应用于产品开发过程。然而，知识整合需要大家分享自己的知识，并且利用这些知识去解决问题（蒂瓦纳，麦克莱因，2005），可见，知识整合涉及但又不仅仅是知识共享和转移。另外，知识整合往往可以通过整合已有知识产生出新知识。

二 知识整合机制

分布式的知识可以通过转移或整合得以应用。然而，相比于知识转移的耗时与低效，整合提供了一个更快，相对也更低成本的机制，它包含了分散的专业知识的综合与集成，而不需要广泛的知识沟通与转移。

格兰特（1996）首先提出，知识整合存在三种关键机制，规则与指导（directions）、惯例（routine）和自我管理团队（self-contained task team）。（1）规则包括通过每个专家为生产团队的成员建立规则、方针和做出特别指令所表现出来的知识整合。随着某项活动的复杂性增加，重复从事该项活动的地方增多，通过将默会知识转变为明晰知识，如各种手册、操作规程等，促进高效的知识传递和转移。因此，当组织的行为中不需要太多的变化时，与由于要求更大的灵活性而处于不稳定的条件下相比，在稳定的条件下，规则是更有效率地整合知识机制。（2）惯例提供了一种交流内隐知识但不用进行编码的方法。组织成员通过对个体自身角色的理解，逐渐发展出一种互动式协调整合方式，它能够有效利用沟通形式并灵活应对变化的环境，它镶嵌于组织常规之中（格兰特，1996a）。（3）自我管理任务团队是第三种也许是最重要的一种知识整合机制。团队对于复杂的和非常规的组织任务提供了一个可行的途径，尤其当任务的不确定性、新颖性和复杂性较高时，通过团队结构，在不同地点的多样化知识与个体专家知识易于被排列、整合、应用于任务中。丰富的沟通、合作与创造性冲突塑造了团队中的知识整合。

Volberda 和 Rutges（1999）把知识整合机制划分为系统能力、协调能力和社会化能力三个方面，它们分别侧重于知识整合机制的不同方面。系统能力侧重于代码、计划、程序等正式系统，协调能力强调运用培训、联络、参与等管理工具，社会化能力是通过价值和制度等文化手段促进知识整合。

根据 Ghoshal（1987）的观点，知识可以进行正规整合也可以通过非正规整合（格兰特，1996 ）。正规整合是指经理层盘存、整合和使用他们从组织国际化进程中获得的知识和技术的过程，而非正规整合则一般是指通过人员之间的人际关系以及组织之间的网络关系来进行整合知识的过程。

Grandori（1997）从企业知识基础观出发，认为知识整合中要考虑的主要问题是如何在最低的可接受成本范围内实现对成员个人专业化知识的最有效整合。通过平衡整合方式和整合成本，企业就能够识别出自己可采用的知识整合机制。

Patnayakuni 等（2007）区分了正式的整合机制（团队的使用；工作轮换；信息系统管理人员与普通职员的决策权共享）和非正式的整合实践

（用户和开发者之间的非正式交流）对信息系统开发环境下知识整合的影响。

三　KIBS 企业—顾客互动与知识整合

现有的知识管理文献认为广泛的跨组织联系对于知识扩散、知识学习和技术开发是非常关键的（Liebeskind，1996）。对创新企业而言，获取外部信息和知识并将其商业化应用的能力是非常重要的，如何跨边界地吸收和整合知识已经成为知识管理领域的新话题。

在 KIBS 企业服务创新中，面临的主要挑战就是如何有效地将顾客知识吸纳整合到创新过程中。对于新产品开发，南比桑（2002）认为首要问题就是如何以较低的成本与顾客近距离接触，其次，挑选恰当的顾客并与之建立起合适的联系对于整合顾客也有着重要的意义，最后，顾客动机也是决定顾客是否愿意与服务提供商分享其知识的重要决定因素。对于服务创新，学者发现了与新产品开发相类似的情景与挑战，但仍存在一些不同之处。例如，当顾客被视为创新源时，马格努森等（2003）认为，为了获得好的、有价值的想法，顾客必须处于他自身的环境中，所产生的想法必须根植于一个真实的背景。此外，一些研究表明，为在服务创新中利用顾客想法，服务提供商必须发展将这些想法转变为商业创新的能力。隆德奎斯特和亚赫夫（2004）认为顾客参与开发可能通过创造更好的服务而降低不确定性。另一方面，顾客作为开发者也增加了与企业开发团队整合的需求，而这却不是那么简单就可以达成的，它要求服务提供商雇员与顾客双方间更为紧密的、高成本的、高动机的互动（阿拉姆，佩里，2002）。隆德奎斯特和亚赫夫（2004）进一步提出，与顾客的合作普遍要求双方间有共同的语言，这首先就要求一方能够理解另一方，从而能够使对方为创新有所贡献。对于合作的形式，隆德奎斯特和亚赫夫（2004）认为很少有通过正式合同契约明确界定，通常是一种基于信任的非正式的社会契约。类似地，贝当古等（2002）指出，当服务本身较为复杂，而市场动态性较高时，顾客与供应商的紧密合作要求双方间存在着共同目标。

可见，KIBS 企业—顾客互动被视为实现顾客知识整合的一个重要途径。从交易成本的角度看，市场机制在很大程度上对于创新信息交换缺乏效率，导致交易成本大幅增加，尤其是涉及高度内隐性的资源和能力时，而 KIBS 企业—顾客互动使 KIBS 企业可以利用有限的资源投入扩展自己的知识基（加卢奇，2001）。

从资源观视角看，一方面，KIBS 企业对于顾客具有高度依赖性。首先，与顾客相关的知识对其新服务开发成功至关重要；其次，顾客对这些资源拥有判断与处理权力；最后，顾客知识只可能从顾客那里去挖掘与获取。于是，KIBS 企业—顾客互动为知识获取和知识应用提供了更多的机会。通过与顾客紧密互动，KIBS 企业扩大了接触外界知识的接口，而且这样的合作关系为其应用和挖掘新知识和创造新知识提供了更为良好的环境。另一方面，顾客对于 KIBS 企业具有高度依赖性。隆德奎斯特和亚赫夫（2004）认为，KIBS 企业—顾客互动提供给参与者归属感和身份，并且，顾客作为委托人，通过与 KIBS 合作，还能够监督代理人（企业）对服务合同的履行（拉森，鲍恩，1989），在这种情形下，顾客被引导相信他们是能够影响 KIBS 企业对某些特别有价值的服务特征进行整合。

当前众多实践已经表明，与顾客的紧密互动可以获得以下机会：在服务交付中利用顾客知识、吸收顾客知识、合作开发知识、边做边学和其他动态关系效应。其中，知识开发机会意味着，KIBS 企业—顾客互动还对 KIBS 企业的知识基存在动态影响（穆勒，岑克尔，2001），顾客是 KIBS 企业重要的知识源泉和知识开发的合作者（埃尔托格，1998）。正如斯巴翠齐（2001）指出，KIBS 企业与顾客联系互动机制的目的是实现知识的生产与扩散，因此，作为一种合作形式，KIBS 企业—顾客互动是促进知识跨界整合的渠道之一。

然而，整合顾客知识并不是一件很容易达成的事。创新管理研究已证明知识的多样性和认知的分布式特征给知识整合带来了巨大的挑战。这些挑战在服务提供商试图整合顾客知识时显得尤为突出。一方面，顾客知识是驻留在顾客头脑中的知识，根据达文波特（Davenport，1997）的观点，它本身具有内隐性、复杂性和专属性特征，这在一定程度上使转移和整合顾客知识变得更加困难。根据波兰尼（Polanyi，1966）的观点，高度隐性化的知识很难通过语言来表达，也难以通过观察来获取。桑德尔和科古特（Zander，Kogut，1995）认为，隐性知识难以传授与学习，知识转移起来更为困难，需要长时期的共同学习才能够掌握。顾客知识复杂性是指顾客知识与特定资源、情景、技术及其他知识间的关联程度，它影响人们对知识的理解并降低对其整合的可能性。冯希普尔（1978）指出，顾客知识常常具有专属性，获取这种知识的关键是提高与顾客的互动强度，并且在利用这种知识时最好让顾客参与。另外，顾客知识的所有权属于顾客，他们往往不愿意与企业分享，只有他们感觉到与企业分享的利益大于自己保留时，顾客知识整合才变成可能。可见，顾客知识的特性使得获取与整合顾客知识面临较多障碍。另一方面，KIBS 企业整合顾客知识需要有共同语言背景，能够将获得的知识解释应用于具体的创新情景中，然而，顾客并非 KIBS 企业的雇员，因此，KIBS 企业需要克服由于知识来源异质性和共同语言缺乏所造成的认知和行动障碍（多尔蒂，1992），为更有效地在组织内部和跨组织边界整合顾客知识，采取较多的行动和付出较大的努力。

第三章

服务创新中 KIBS 企业—顾客互动机理的探索性案例研究

通过第二章的文献综述与理论拓展，我们可以得到 KIBS 企业—顾客互动对服务创新绩效具有显著的促进作用。然而，KIBS 企业—顾客互动要素构成还有待确认，KIBS 企业—顾客互动与服务创新绩效的作用机制也尚未澄清。本章将在此基础上，针对上述问题对四个服务创新项目开展深入的探索性案例研究，通过对案例厚实的探究，掌握现象的丰富性，来确定在服务创新情景中 KIBS 企业—顾客互动“是什么”，“怎么样”影响了服务创新绩效。

第一节　案例研究设计

本书的研究目的是明晰 KIBS 企业—顾客互动构成要素及其对服务创新绩效的影响机理，研究的任务需要在现有研究的基础上进行很大的扩展与补充，因此适合用理论构建的探索性案例研究展开（艾森哈特，1989）。

和其他研究方法一样，案例研究也有一套可以遵循的步骤和程序，指引着案例研究的顺利开展。不同研究者将案例研究分为不同的阶段，每个阶段所处理的问题与活动内涵不尽相同。例如，殷（2003）将案例研究分为 5 步，即研究设计、为收集数据而准备、收集数据、分析数据和撰写研究报告。而艾森哈特（1989）提出的适合于探索性案例分析的 8 个步骤，分别是：案例开始—案例选择—设计测量工具与访谈提纲—进入案例现场—分析数据—形成理论假设—文献展开—案例结束。

综合艾森哈特（1989）和殷（2003）的观点，本书在对现有文献分析评述的基础上形成了研究问题和研究构思，继而进行案例选择、数据收集、案例内分析和案例间分析，从而得出初始研究假设。

一 研究问题与理论预设

KIBS 企业—顾客互动对服务创新绩效的影响得到了学者们的广泛关注。在服务创新实践中，发起与顾客积极、明晰且持续的对话，通过企业—顾客共同调适以实现集体行动（普拉哈拉德，拉马斯瓦米，2000；隆德奎斯特，亚赫夫，2004；马廷等，2004），正日益成为服务创新制胜的关键。

尽管理论界开始较多地探讨 KIBS 企业—顾客互动与服务创新绩效的关系，然而并没有较为统一的观点（坎佩尔，库柏，1999；阿拉姆，佩里，2002；伯纳，奥维尔. C 沃克尔，2004；乔希，夏尔马，2004；阿拉姆，2006；布拉泽维奇，利文斯，2008；芳，2008；卡波纳等，2009；王琳、魏江，2009b），究其原因，目前对 KIBS 企业—顾客互动内涵的理解未能达成一致（马廷等，2004），继而不能深入地解析其与服务创新的内在关系。事实上，已有部分学者开始尝试梳理并解析企业—顾客互动的本质，但仍然未能跳出传统技术创新研究对顾客参与的分析界定框架，一定程度上忽视了顾客能够在创新实践中可能发挥的显著性作用。因此，对 KIBS 企业—顾客互动概念的明晰界定是 KIBS 企业—顾客互动与服务创新绩效关系研究的重要前提。在第二章对当前文献梳理的基础上，本书借鉴组织间联系理论，认为 KIBS 企业—顾客互动是 KIBS 企业与顾客集合在一起围绕特定创新任务的实现而形成的一个行动系统，它涉及 KIBS 企业与顾客双方为了共同创新任务的达成而形成的协作机制及动态活动。KIBS 企业—顾客互动包括结构维与过程维两部分。具体而言，本书将 KIBS 企业—顾客互动分为四个构成要素：共同组织、共同决策、资源共享、任务协作，当然这种划分的有效性还有待在服务创新实践中进一步验证。

在确定 KIBS 企业—顾客互动的维度与核心要素基础上，下一个问题是 KIBS 企业—顾客互动对服务创新的作用机理。尽管 KIBS 企业—顾客互动为服务创新实践提供了利用、挖掘并整合 KIBS 企业与顾客潜能的机会，带来了创新潜力，然而，KIBS 企业—顾客间联系跨越组织/文化/认知边界，高效的跨界知识资源获取与整合显得较为困难，为了使“创新性想法”最终能够在“行动层面”得以实现，知识被有效应用与整合成为关键。换言之，KIBS 企业—顾客互动对服务创新绩效的价值，取决于它是否能够促进 KIBS 企业—顾客双方知识的有效应用与整合。

综上所述，本研究将从“KIBS 企业—顾客互动”切入，并将“知识整合”这一中介变量引入 KIBS 企业—顾客互动影响服务创新绩效的机制中（见图 3－1），研究 KIBS 企业—顾客互动是如何影响知识整合，然后再通过知识整合影响服务创新绩效。本书的研究希望能对 KIBS 企业—顾客互动影响服务创新绩效机制的理解作一些有益的补充。

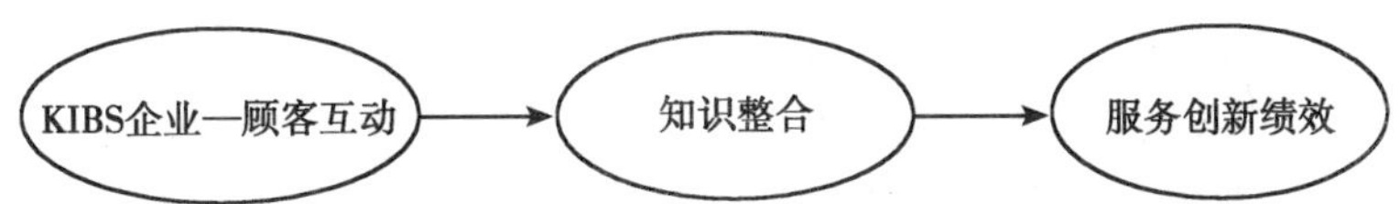

图 3－1 KIBS 企业—顾客互动对服务创新绩效作用机制的预设

二 探索性案例选择

案例研究可以分为单一案例研究和多案例研究。单一案例研究主要用于证实或证伪已有理论假设的某一个方面的问题，它也可以用作分析一个极端的、独特的和罕见的管理情境。单一案例研究能够深入、深度地揭示案例所对应的经济现象的背景，以保证案例研究的可信度。但是单一案例研究通常不适用于系统构建新的理论框架。

多案例研究是应用多个数据收集方法从多个实体（人、集体或组织）取得信息并在某种现象的自然环境内调查这种现象。以艾森哈特为代表的学者非常推崇多案例研究方法，认为单一案例研究可能会使产生的理论的现实解释力不强，多案例研究能够提供更强的现实基础，能够更好、更全面地反映案例背景的不同方面，尤其是在多个案例同时指向同一结论的时候，案例研究的有效性将显著提高。由于本研究带有理论构建的性质，因此选择多案例研究方法更为合适。

艾森哈特（1989）认为 4 到 10 个案例是归纳中使用原始案例的理想个数。考虑理论构建的基本要求和增加案例的边际效用，本书对 8 个服务创新项目进行了深入的访谈，之后遵从艾森哈特（1989）和彦和加里（1994）等学者的建议，选择了 4 个典型的服务创新项目进行多案例分析。通过对这 4 个服务创新项目的案例研究来构建 KIBS 企业—顾客互动对服务创新绩效作用机制的初始假设，通过案例的重复和案例间的比较，力求增加探索性案例研究的有效性。

在样本案例的具体选择上，考虑到本书中 KIBS 企业及其提供服务的类型，本书最终选择了电子政务平台服务、信息化校园服务、商保团险服务和会计内控审核服务 4 个项目作为探索性案例研究对象。这是因为，所选择的样本必须具有代表性，能够重复或者拓展和丰富正在形成中的理论，对理论进行反向验证（contrary replication）或者排除可能混淆的其他理论逻辑（殷，2003；艾森哈特，1989）。具体选择标准如下：

（1）为使选取案例项目的背景符合研究需要，本书根据 KIBS 企业及其提供服务的类型特征，特挑选了有代表性的三个行业，分别为商务服务业、信息与通讯服务业、金融业，进而筛选可以进入本研究的服务创新项目，从而拓展和丰富本书的理论。

（2）为保证案例项目的代表性与典型性，本书最终挑选了两个技术型服务创新项目和两个传统型服务创新项目，它们分别是软件服务、通信服务、保险服务、会计服务，达到多重验证的效果，同时兼顾信息的可获得性和项目的代表性。

（3）由于本书关注的是 KIBS 企业—顾客互动与服务创新绩效之间影响关系的作用机制，因此，合适的案例项目还应该具有以下基本特征：①该服务是为特定顾客组织而不是普通大众消费者提供的；②该服务项目开发表现出较高的定制化特征，顾客积极参与到该过程中；③该服务项目应该已经完成。

三 数据收集方法

案例研究不能依靠单一的资料收集方法，而需要多种数据来源。本书中，我们通过访谈、问卷和第二手资料的方式进行数据收集（见表 3－1）。

为把握案例项目的总体背景，我们通过索取、查阅企业内部文档和资料，并借助企业网站等公开信息，分别对服务开发项目中的服务提供商 KIBS 企业与顾客进行二手资料收集，掌握创新项目的一些背景情况，确定后续访谈的重点问题。

在每个探索性案例项目研究过程中，与个体受访者进行非结构化访谈是主要的信息来源途径。针对每个项目，我们与项目经理和相关开发人员进行了半结构化的深度沟通（访谈提纲见附录一），每次访谈持续时间为 1—2 小时。访谈中，尽管由我们主导每次沟通交流的主题，以确保受访者能够涉及我们所感兴趣的内容，但是我们还是尽量允许他们用自己的语言来描绘一个动态的服务项目开发过程。所有访谈在征得当事人同意的情况下录音和记录，访谈结束之后，我们会在 24 小时之内完成对访谈记录的整理和汇总工作，以便完整记录所获信息。之后，还会通过电话、E-mail、QQ/MSN 在线或者再次会面等形式，与被访谈人员作进一步交流，以补充所需信息，并对信息的记录、整理进行核对。在多来源信息陆续被记录、整理的过程中，我们建立起案例研究的资料库，所有与案例相关的访谈记录和所获文档资料统一归档到研究资料库，进行分类和编码。

表 3－1　　笔者案例访谈及文档数据来源

案例	被访谈人	被访谈人具体情况	访谈时间	访谈次数与时间
案例Ⅰ	A	甲公司高级项目经理，负责电子政务平台开发工作	2011 年 3—4 月	3 次共 4 小时
	B	A 局总经办主任，参与电子政务平台开发	2011 年 3 月	1 次共 2 小时
案例Ⅱ	C	乙公司高级项目经理，负责信息化校园开发	2010 年 10—12 月	2 次共 3 小时
	D	B 校图书馆信息中心主任，参与信息化校园开发	2010 年 11—12 月	2 次共 2 小时
	E	B 校二级学院信息开发部人员，参与信息化校园开发	2011 年 1 月	1 次共 1 小时
案例Ⅲ	F	丙公司总经理，主管商保团险服务业务	2011 年 3—4 月	2 次共 4 小时
	G	丙公司营销部经理，负责商保团险开发	2011 年 3—4 月	2 次共 2 小时
案例Ⅳ	H	丁公司高级项目经理，负责内控审核服务开发	2011 年 6—7 月	3 次共 3 小时
	I	丁公司审计专家，参与内控审核服务开发	2011 年 6 月	1 次共 1 小时

四　数据分析方法

根据学者对多案例理论构建研究的建议（艾森哈特，1989；艾森哈特，格雷布纳，2007），本研究基于分析性推演逻辑，将多案例分析分为两个步骤：案例内分析（within-case analysis）和案例间分析（cross-case analysis）。

案例内分析把每个案例看成是独立的整体进行全面描述性分析。这些描述虽然经常是简单的单纯描述，但它们是产生洞察的关键，因为它们能够帮助研究者处理案例分析前期面临的大量数据信息。本研究首先对每个案例进行单独分析，这一过程中严格遵循案例内分析的几大原则（殷，1984）：第一，每次案例访谈完后24小时内整理完成该案例的详细记录；第二，尽量将所有信息都包纳进入，不论这些信息在访谈中体现出来的重要性程度如何。在此基础上，本研究对每个案例中KIBS企业—顾客互动、知识整合、服务创新绩效等主要变量进行编码，以识别各个案例中的变量特征，并分析这些主要变量间的关系，为下一步开展案例间分析做好准备工作。

案例间分析是在案例内分析的基础上对所有案例进行统一比较、抽象和归纳，进而提炼出理论模型和假设（艾森哈特，1989）。本研究中，首先将第一个案例模型中建立的解释逻辑与初始概念模型进行比对，看案例与初始模型是否吻合，据此深化、完善或修改初始模型，或者提出与之对照的新模型。此后，将这个新模型应用于第二个案例的分析，以此类推，不断重复这个过程，直至到达理论饱和度，从而得到一个相对一般化的结论。在此过程中，特别关注三方面的内容，那些支持了先前理论预设的资料，那些与先前理论预设有冲突的资料，那些展现了新想法的资料，从而帮助我们对研究变量或研究假设进行多方面的考察。

第二节 案例项目背景

本研究中4个探索性案例项目的基本概况如表3－2所示。遵循案例研究的惯例（彦，格雷，1994），本书隐去了这些服务创新项目中服务提供商KIBS企业与顾客的具体名称。以下将对案例项目逐一进行简要介绍。

表3－2　　案例项目简介

案例	KIBS企业—顾客		公司背景		
			公司基本情况描述	规模	年份
案例Ⅰ：电子政务平台服务	KIBS企业	甲软件公司	所在城市十大最具潜力的IT服务企业之一，为数字城市建设提供优质解决方案、应用软件产品及配套服务	中型	1993
	顾客	A局	响应打造数字化城市的发展趋势，致力于建设统一政务门户，实现规划业务系统集成	—	—

续表

案例	KIBS 企业—顾客		公司背景		
			公司基本情况描述	规模	年份
案例Ⅱ：信息化校园服务	KIBS 企业	乙通信运营商	国内最大通信运营商的市级直属企业，正着力校园市场信息化建设的开拓	大型	1993
	顾客	B 高校	信息化建设一直走在本市其他高校之前，致力于打造以信息化校园为标志的高校品牌	中型	1999
案例Ⅲ：商保团险服务	KIBS 企业	丙保险公司	第一家在中国获准开业的欧洲合资寿险公司，以国际领先的金融保险品牌和本土的成功运作，成为中国境内领先的合资寿险公司	中型	1999
	顾客	C 外资企业	引领全球技术变革的跨国公司，每年度会通过引入团体保险，为员工提供福利计划，从而给予员工工作与生活的全面保障	大型	1992
案例Ⅳ：内控审核服务	KIBS 企业	丁会计事务所	排名全国前 30 的专业服务机构，能为各类企业提供审计、税务、咨询、评估、工程审价、专业培训等全方位的专业服务	中型	1992
	顾客	D 外资企业	一家全球性制药公司，收购了一家杭州公司，需要按其全球通用的 SOP 标准对杭州公司进行内控审核	大型	2002

一　案例Ⅰ：电子政务平台服务创新

某市 A 局在信息化建设战略指导下，陆续建立了用地系统、城镇化系统、档案管理系统等应用系统以及城镇化数据库、规划成果等数据库。然而，各系统基本沿用几年前的技术路线，主要采用机械模拟手工工作方式，建设分散、封闭，信息资源不能整合，不仅人为增加数据重复处理的工作量，有关联的数据也无法做到完全一致，为业务工作留下出差错的重大隐患。于是，A 局决定开发电子政务平台，来联系横贯整个支撑规划管理业务运行的异构系统、应用、信息资源等，以确保各应用系统之间产生良性的互动，达到协同工作的目标，全面提高该局的行政管理效率和行政服务水平。

通过项目招标，A 局最终确定甲公司作为其电子政务平台的核心服务提供商。甲公司是该市十大最具潜力的 IT 服务企业之一，它专业从事"3S"集成应用开发、地理信息服务和数字展览馆建设，拥有国家测绘乙级资质和信息产业部计算机信息系统集成二级资质等认证，能为数字城市建设提供优质解决方案及配套服务，满足政府、企业、公众对便捷、实用和多样化数字城市建设服务的需求。

二 案例Ⅱ：信息化校园服务创新

浙江省下属某市乙通信运营商在大学校园市场中面临激烈竞争，当其竞争对手通过动感地带、飞信获得了大部分市场，该公司希望通过迂回方式来抢夺市场，于是从信息平台、信息门户来寻找突破。为争夺客户资源，乙公司主动对该市高校信息化建设进行大量前期调研，并主动联络各高校负责人进行洽淡，发现B高校在该市高校中是信息化建设走在最前面的，它对信息化的需求要求得更苛刻，需求敏感性更强。

与此同时，B校也充分认识到信息化建设对学校长远发展的战略意义，致力于打造信息化校园的大学品牌。之前B校有通过招标方式进行信息化校园建设，但当时的规划注重短期并只做独立的项目（如科研、教工各是一块系统），没有从长远、全局、系统的视角来打造信息化校园品牌。在此背景下，围绕“虚拟大学”、“信息化校园”等概念的信息化校园服务创新在乙公司与B校间产生并实施。

三 案例Ⅲ：商保团险服务创新

作为第一家在中国获准开业的欧洲合资寿险公司，丙公司自1999年进驻中国市场，凭借其全球领先的金融保险品牌，以及度身定制的保险方案、专业的培训系统和诚信的服务态度享誉市场。丙公司将西方先进保险理念及经营模式与中国市场特点对接，以其专业化服务根据个人和团体客户财务需求度身订制保险产品，迅速成为中国境内领先的合资寿险公司。

本项目是丙公司为一家外资企业（C公司）提供的团体保险服务。作为一家引领全球技术变革的跨国公司，C公司非常重视人才激励，一直通过引入团体保险为员工提供福利计划，希望能在成本合理前提下为所有员工及其家属提供全面的保险保障。当上一年度保单即将到期时，C公司举行了新年度团险招投标工作。丙保险公司凭借创新的保险服务理念，成为C公司新年度的保险服务提供商。

四 案例Ⅳ：会计内控审核服务创新

丁公司创立于1994年，作为一家会计师事务所，它汇聚了会计、审计、财政、税务、投资、管理、工程、评估等专业方向的资深专家和专业人员，能为大型国有企业、外资企业、民营企业、政府机构及社会团体提供审计、会计、税务、咨询、评估、专业培训等全方位的专业服务。

本项目是丁公司为一家外资 D 公司提供的对其杭州公司进行内部控制审核服务。D 公司主要从事仿制药和自主品牌药的开发、生产和销售，是一家全球性制药公司，总公司在以色列，并在纽约交易所上市，位列全球制药企业 20 强。D 公司并购了萧山工业区成立了杭州公司，D 公司（作为投资方总公司）为掌握杭州公司在公司内部管理制度和日常运营流程方面的执行情况，委托丁公司对杭州公司内部控制情况进行审核。

第三节　案例项目创新过程中的数据分析

本节将对各个案例中所收集的数据做初步分析，用定性的数据分别对每个案例中的 KIBS 企业—顾客互动、知识整合以及服务创新绩效进行描述分析，以得出结构化、编码化的数据信息供进一步深入分析变量间逻辑关系之用。

一　KIBS 企业—顾客互动

KIBS 企业—顾客互动是指服务创新过程中 KIBS 企业与顾客为实现共创价值双方所构建起的行动系统。本书从结构维与过程维两方面去划分 KIBS 企业—顾客互动维度结构。结构维反映了 KIBS 企业—顾客在创新过程中所进行的结构安排，包括共同组织和共同决策两个要素；过程维反映了服务创新过程中发生在 KIBS 企业—顾客间的实际资源流动或行为活动，包括资源共享与任务协作两个要素。在案例研究中发现，KIBS 企业与顾客在服务创新中确实构建起了二维的行动系统，形成了多种形式的 KIBS 企业—顾客互动，这一点在 4 个探索性案例中都有明显体现，见表 3－3。

表 3－3　案例项目的 KIBS 企业—顾客互动水平

项目	结构维		过程维	
	共同组织	共同决策	资源共享	任务协作
案例 I	双方联合形成项目工作组，建立意见收集与反馈流程，每周例会制度，每半个月编发电子政务建设工作简报，问题报告机制等	遇到关键问题时通过双方核心成员列席会议，并通过“会议纪要”制度来形成决策并执行决策	甲公司提供其 ERP 知识和经验信息，共享其技术信息、社会资源等	甲公司负责平台开发，A 局勘测院负责配合；甲公司确定业务系统建设，A 局“地理信息中心”负责拟定数据库建设有关标准；甲公司及勘测院按照标准分别实施数据库建设

续表

项目	结构维		过程维	
	共同组织	共同决策	资源共享	任务协作
案例Ⅱ	双方以项目组对接方式开展工作（项目初，B校指定图书馆信息中心对接，项目实施中，B校组建信息化校园建设领导小组）。建立起定期沟通协调会、建设进展信息发布会等规范	决策分两个层级进行，双方高管在战略层协商，如将信息化校园界定为三个层面实现；双方执行层在建设层协商，如“翼卡通”功能设计	B校提供其在信息化建设的数据与经验，包括已建设的科研、教工、学生的系统运行情况；乙公司为B校提供许多信息化软件系统培训	需求分析时B校负责提供各学院与基层现有系统运行现状和需求信息，信息化建设时主要以乙公司为主，系统交接过程中，B校的部分部门和人员作配合支持
案例Ⅲ	丙公司与C公司人力资源部门建立联系并频繁接触，但没有明确的规范性协作规定	没有专门的决策主体或途径，但对于如何设计保险服务解决方案，双方会就服务实施流程、投保费用等方面进行沟通与协商	在服务概念阶段，C公司提供关于公司与投保人员背景的一些基本信息，如文本信息、需求信息及以往理赔信息	团险服务开发主要依赖于丙公司标准成熟的服务开发体系；EAP服务引入也是由C公司专家主导
案例Ⅳ	双方联系与配合以口头的、邮件等方式随时发生，并没有相关会议或流程对协作活动作规定	在关键问题上双方有代表进行共同协商，双方意见都有被充分考虑，如在“审核时间、审核范围，审核抽样比例和方法”等方面都会共同磋商	D公司提供SOP手册，杭州公司财务部提供凭证和报表；各部门提供和SOP程序要求相关的资料，如工作统计报表等	审核过程及审核报告出具主要由丁公司主导。D公司负责确定项目审核总目标与具体目标。杭州公司在审核过程中提供资料和行动配合

以案例Ⅰ为例，为使电子政务平台开发这样一个牵涉面广、工程浩大的项目得以顺利进行。第一，甲公司与A局双方在平台开发过程中建立起很多规范化的运作规则或机制，如项目需求分析阶段建立的定期意见征集会、平台测试版开发环节中后期建立的每半个月编发一期电子政务建设工作简报的工作程序，以及平台测试完善阶段建立的问题报告制度等。第二，平台开发进程中，牵涉问题错综复杂且层出不穷，需要动用来自A局与甲公司双方的管理层和专家来共同拍板，在这种背景下形成了“会议纪要”的共同决策模式，即每当项目在管理或技术诸方面遇到困难或需要做出重要决定时，双方都派出了自己的核心成员列席座谈讨论会，A局是以其总工办主任为代表，甲公司是以其项目经理为代表，会议结束后形成明文会议纪要，后续行动开展则严格根据该纪要执行。对此，甲公司项目经理认为，“毕竟A局是一个层级严明的机构，开会成为双方集体协商的过

程，而会议纪要则是集体决策的成果……没有它，大家给予的关注少，很多问题解决不了；有了它，决策的效率和效果提高很多”。第三，在资源共享方面，甲公司与 A 局间有大量技术信息和知识信息的流动，甚至 A 局还动用了其社会资源贡献于创新，如 A 局总经办主任利用该局社会资源邀请市委信息中心、市政府信息中心、邮电学院等的相关专家就电子平台建设过程中的问题进行诊断，以及建设成果座谈，过程中项目组成员全程参与。最后，甲公司与 A 局从项目初就开始了任务协作，一是表现在大方向上的分工明确，即：①甲公司负责平台开发，A 局勘测院负责配合；②甲公司根据对 A 局现有应用系统的分类梳理，并在对需求进行调查了解的基础上确定业务系统建设内容，A 局规划院负责配合；③数据库建设相关标准由 A 局下属“地理信息中心”负责拟定，甲公司及 A 局勘测院则按照标准分别实施数据库建设。另一个则是体现在具体任务完成中的相互支持与配合上，尽管平台软件开发工作主要由项目组中的甲方成员完成，但 A 局“地理信息中心”、“规划院”的成员也随时给予专业协助。包括 A 局的总工办也会对项目进行监控，以及协调项目开展中出现的各种问题。

将这些 KIBS 企业—顾客互动进行归类和总结，进一步验证了我们在第二章中关于 KIBS 企业—顾客互动的构成要素划分：共同组织、共同决策、资源共享和任务协作。当然，在 4 个案例中这 4 类要素的表现水平还是有差异的，每个案例中可能在某个方面或某些方面比较突出。例如，在案例Ⅳ中，丁公司为顾客 D 公司提供的内控审核服务基本以一种较为松散的方式运行，除项目初双方举行了较为正式的讨论外，双方并没有制定相关规则或流程对具体开发活动作出安排，正如项目组一位审计人员的描述，“只要有需要，沟通联系就会发生，以口头的、邮件的方式进行，并没有很多的会议或规定好的流程来进行这些事情，或者说，我们联系对象的范畴如此广，也不可能去划那么多的条条框框”。并且，由于审计工作代表一种专业判断和一种公信力，所以内审的具体工作基本由丁公司审计方人员负责，因此，案例Ⅳ在共同组织与任务协作方面表现出较低水平。

二　知识整合

知识是创新中最重要的资源。在服务创新中，KIBS 企业与顾客会分别派出各自的员工参与到项目中，他们带来了大量异质性知识、技能与诀窍。然而，知识的有用性不取决于知识存量的多少，而取决于它是否能够被有效地挖掘与整合，因此，项目成员的个体知识必须在项目层面得以应用与整合，即内部知识整合，才能促进服务创新绩效。同时，服务创新所需要的知识可能不存在于项目成员内部，需要从外部汲取，从而与项目组既有知识进行整合以达成创新目标。于是，根据整合方向，知识整合可区分为内部知识整合和外部知识整合两部分。本研究则通过考察项目成员内、外部实现的知识整合情况来衡量服务创新中的知识整合水平，数据结果如下所述。

（一）案例Ⅰ：电子政务平台服务创新

甲公司与A局在电子政务平台开发中建立起联合开发项目组。其中，甲公司提供了8名专业技术人员，他们拥有丰富的ERP管理思想、系统实施方法论和系统技术知识，是技术知识的持有者。A局派出的人员构成较为多样化，分别来自其下属勘测院、规划院和地理信息中心，他们对A局内部管理流程情形非常熟悉，也是专业领域的技术专家，因此同时持有情景知识和技术知识。而总经办主任作为顾客方派出人员的领导，他的职位与权利使其能够在需要时知道如何调派A局的资源。可见，甲公司与A局在平台开发中提供的知识基础比较互补与全面，平台开发中首先涉及的是上述成员间的内部知识整合。同时，平台开发中还可清晰识别到项目组成员从外部资源中汲取知识与内部知识结合以实现在项目层面的应用。外部知识源主要有：A局从外单位邀请的技术专家，A局内部各处、室职能负责人与下属基层人员，以及项目组成员利用自己在本组织内外部的人际网络充分识别与挖掘创新所需知识的源。

（二）案例Ⅱ：信息化校园服务创新

在信息化校园服务创新中，乙公司与B校双方各自派出人员组建项目组进行对接。乙公司从其战略、市场、人力等部门抽调人马组建了下设推进组、协调组、领导组、执行组的项目团队；而B校在项目初是从图书馆信息中心抽调人员成立专项组，进入信息化实施阶段，B校则成立信息化校园建设领导小组协助信息化建设的推进，下设专家组与办公室该领导小组由校长挂帅，主管校长具体负责，主要职能部门负责人参加。于是，内部知识整合主要体现为双方项目组对乙公司技术能力及战略目标与B校高层战略愿景及其信息化需求进行整合。外部知识整合则体现为项目组需要从乙公司兄弟企业处汲取信息化校园建设经验与信息，以及深入B校二级学院信息化相关负责人、前线信息化建设人员以及前线教师和学生，以细化、提炼进而满足对信息化校园运行的共性需求。

（三）案例Ⅲ：商保团险服务创新

丙保险公司为承保C公司团险，从营销部、精算部、核保部各派出一名员工组成专业团队。而C公司则派出其人力资源部负责接洽，因为外资企业的HR通常很精通团险这一块内容，这已成为其人力资源管理常规化的管理范畴，公司也有相对固定与充足的资金用于这一块，他们清楚公司对这个保险产品明确的期望。于是，内部知识整合在丙公司团队与HR部间围绕丙公司的团险服务项目、服务流程及投保费用和C公司的员工团险福利计划展开。外部知识整合主要是从C公司获取被投保相关人员的想法以及在EAP提供中获取C公司员工工作与生活状况的信息。

（四）案例Ⅳ：会计内控审核服务创新

内控审核服务是一项非常专业的服务，它代表了一种公信力，一种专业判断，审核过程与审核报告由服务提供商主导。本案例中，顾客方D公司还提出了特定需求，即内部控制审核必须按其全球通用的标准化作业程序SOP（Standard Operation Procedure）进行，这就要求丁公司必须将自己的专业知识和判断力与D公司的SOP情景进行结合，为此，丁公司确定了4位专业人员组成审计小组，包括1位项目经理，1位注册会计师和2位专业审计员，来具体实施该内控审核项目，他们有着丰富的审计工作经验，除会计、审计及财务知识外，还具备优秀的英语能力和一定的管理技能。顾客方则派出两位成员负责联系对接，一位是D公司总经理，另一位是杭州公司财务经理。因此，该项目的内部知识整合在审计小组与顾客方两位经理间展开。此外，内控审核服务的审核对象范围很广，超越了一般审计范围，于是在服务提供中，可清晰地识别到项目组成员广泛地从外部吸收大量信息，进而与项目内部知识结合以实现在项目层面的综合应用。外部知识源主要有：丁公司内有类似项目经验的项目负责人，杭州公司仓库、研发、采购、质检、人力资源、信息等部门负责人及下属基层员工，杭州公司内部的各类文件与资料。

（五）案例项目知识整合水平

如表3-4所示，本研究从内部知识整合和外部知识整合两方面对4个服务创新项目在创新过程中的知识整合情况进行了描述性分析和归纳。

表 3－4　案例项目的知识整合水平

	案例Ⅰ	案例Ⅱ	案例Ⅲ	案例Ⅳ
内部知识整合	项目组内部细化梳理出“必须要开发一个集成的电子政务平台桌面应用平台；同时，为实现图文一体化的方便快捷，必须考虑将 CAD 无缝集成在平台中，为保障新平台的应用，必须要将原有系统的全部数据迁移到新的平台中”的共享目标。 项目组将系统技术，如“多系统、多任务的一体化集成技术、基于 CAD 环境下的空间海量数据访问、数据建库技术”等，与 A 局整个业务工作流程进行整合，实现对 A 局规划管理审批流程的规范化与流程化管理，初步实现技术与管理的结合。	项目组整合乙公司信息化校园服务开发定位与 B 校信息化校园建设愿景，将信息化校园界定为三个层面实现。 在“统一信息门户，统一身份认证”的信息校园建设中，旧系统得以升级优化，零散的、没有系统化的数据资源得以整合。 乙公司与 B 校高层一起针对“网上大学”寻找到三个突破口，即建立起有 B 校显著特色的“农业科技培训网上大学”、“出国培训网上大学”、“民营企业培训网上大学”三大系统。	项目组结合丙公司的保险服务开发能力与 C 公司的特定需求，达成将“EAP 置入传统团险服务”的共享观点。 项目组结合丙公司成熟的产品流程设计，针对 C 公司需求，增加了特色服务传递方式，如“快速理赔”、“通融赔付”等。 当 C 公司人力资源部提出“派驻一个人员进驻企业提供服务”这类要求增加服务频次和服务人力的需求时，丙公司在可接受范围内进行调整，发现效率和效果大大改进。	D 公司希望阶段性了解杭州公司内控情况，审计小组核算工作量和相关费用，最后双方就“审核时间”达成“每季度审核一次，每次到客户进行 5 天左右的外勤工作以收集审核资料”的意见。 审计小组按传统的会计科目分工，发现会导致 SOP 审核时内容重复或缺失。通过与杭州公司财务经理讨论，改为按流程（采购、销售、费用报销和仓储）审核。 在对财务部提供的凭证、报表等书面资料和电子数据审核时，结合专业判断，项目组规定了“不同审核对象的审核抽样比例和抽样方法”。
外部知识整合	项目组借鉴 A 局考察全国其他省市系统获得信息，明确平台建设要“实现系统界面集成、数据集成和应用集成，满足 A 局以后需求的扩展和变更”。 项目组整合来自市委、市政府信息中心及邮电学院等提出的“在系统部署上要考虑维护的方便性，注重数据的一致性、扩展和维护系统正式运行后的扩展和维护”等建议，指导平台改进。 项目组针对 A 局用地、建管、法规、区县、详规等处室在平台试用中反馈的问题（如打开地形图速度慢、道路红线和用地红线入库操作麻烦等），改进平台适应性能力。	项目组在 B 校师生中了解功能需求，促成“翼卡通”引入“即时通讯，校园商铺小额支付”功能。 在“统一信息门户，统一身份认证”建设中，从二级学院处整合了关于系统运行现状及如何升级优化的信息，对新系统的功能与实用性的改进获得很多信息。 在“网上大学”建设中，从 B 校师生层面了解其特色教学资源，如农业科技方面的资源，及学生出国留学需求有了详细认识。	在 C 公司内举行小范围面谈、或是宣导会，介绍公司产品与服务特色并答疑，获取一线信息；与 C 公司各部门人员非正式接触，获取整合了“员工身体与心理健康问题”相关信息。 通过与 C 公司员工接触，对 EAP 服务中的健康宣讲课程进行设计。 在为 C 公司员工提供健康服务同时，掌握了 C 公司员工整体的健康与疾病波动情况。	审计小组咨询了本公司内有类似项目经验的项目负责人并且调阅了案例资料，也通过自己的渠道了解其他咨询公司的内控审核方法。 审计小组与杭州公司各部门、各级员工频繁沟通，获得很多相关资料，还深入各部门工作现场，实地观察操作人员的作业方法，从而增加了“现场沟通、实地观察操作步骤和作业方法”等“审核依据的收集方法”。

三 服务创新绩效

电子政务平台开发从开始至完成历时两年，甲公司技术与 A 局管理流程的充分整合保证了很高的项目创新绩效。具体而言，平台建设规范了规划行政审批流程，适应了规划行政规范管理的需要，也使管理人员对日常工作流程更加清晰。平台建设为行政审批辅助决策提供了有力技术支持，如多系统、多任务的一体化集成技术、基于 CAD 环境下的空间海量数据访问、数据建库技术、SDE 栅格数据浏览引擎技术、ARC、GIS 技术等。平台提高了行政审批效率并有利于内部行政监督实施，通过平台建设，所有项目的全过程审批在系统中表现出来，各级审批人员的办理过程，办理依据都可以随时查阅。

信息化校园建设历时 3 年，通过将乙公司技术与 B 校信息化需求的整合，初步达成了将 B 校信息化校园建设成该市高校标杆性工程的目标，具有较好的开发效率及效果。具体而言，“基础网络”建设，除 B 校的基础学院（大一新生）外，实现了学生在学校可以随时随地都能上网的目标。“翼卡通”在汲取了兄弟企业的成功经验后，结合 B 校需求，设计了特色的服务功能，师生的使用反馈较好。“统一信息门户，统一身份认证”方面，建设了全校统一的身份管理和权限认证系统，并整合了图书馆、人事、师资、科研、教学等系统，新系统具有良好的扩展性，可以随时添加需要管理的业务系统；并初步建立起有 B 校特色的“农业科技培训网上大学”、“出国培训网上大学”、“民营企业培训网上大学”三大系统。然而，系统行中还是暴露出一些问题，如，“信息门户展示的所有内容和 B 校用户的实际希望还是有一定距离；信息化校园带来工作方式和思维方式的转变是一个不易克服的过程；B 校的业务流程规范与数据资源挖掘上还有较大空间”。这些问题在一定程度上暴露了开发过程中对技术与需求的匹配上有一定问题。

商保团险服务创新历时一年，通过将先进的 EAP 服务整合到传统保险项目中，初步达成了 C 公司致力于通过团险为员工提供全面工作生活保障的初衷，创新效果一般。本项目在传统团险服务中引入了 EAP，为员工工作与生活方面提供了更为正面与积极的健康保障，对稳定员工情绪、提升团队士气有重要作用；针对团险服务理赔过程，提供了如“快速理赔”、“通融赔付”等特色服务传递方式；然而，丙公司和 C 公司都一致认为 EAP 计划并未发挥出应有的价值，只提供了一些常规化的健康服务，仅在有限范围内改进了 C 公司员工的健康状况。

内控审核服务项目从开始至完成历时一年，尽管难度比较大，顾客在审核方法、审核时间上都有特殊要求，但本次创新改进了审计分工，并调整了审核方法和审核时间，提升了内控审核服务的效率与效果。具体而言，运用创新性方法完成阶段性审核工作和总体审核后所形成的审核咨询报告得到顾客的充分认可，并被其用于对杭州公司内部管理与控制水平的改进上。顾客也继续委托丁公司在新一年度里进行内控审核。

四　案例数据信息编码

在对案例数据分析的基础上，本研究对各案例项目在 KIBS 企业—顾客互动、内外部知识整合和服务创新绩效的表现进行了评判打分，并请被采访人员及专家做出审核和修正，用很高、较高、一般、低、很低 5 个等级依次从高到低表示了案例项目各项指标的水平，4 个案例项目的数据分析结果如表 3－5 所示。

表 3－5　案例项目的 KIBS 企业—顾客互动、内外部知识整合及服务创新绩效水平

	变量	案例Ⅰ	案例Ⅱ	案例Ⅲ	案例Ⅳ
KIBS 企业—顾客互动	共同组织	很高	较高	低	低
	共同决策	很高	较高	一般	较高
	资源共享	较高	较高	一般	较高
	任务协作	很高	一般	很低	一般
知识整合	内部知识整合	很高	较高	一般	一般
	外部知识整合	较高	一般	一般	很高
服务创新绩效	服务创新绩效	很高	较高	一般	较高

第四节　进一步探讨与相关命题提出

本节将把所有案例项目的各组变量进行对比分析，从而归纳出 KIBS 企业—顾客互动、内外部知识整合、服务创新绩效各变量之间的相关及因果关系，并提出初始的研究假设命题。

一　KIBS 企业—顾客互动与服务创新绩效

在本书的预设模型中，本研究提出服务创新中 KIBS 企业—顾客互动对服务创新绩效有重要影响，这一点在案例研究中能找到相关证据。

从表 3 -5 中的数据以及前文的案例内分析可以发现，KIBS 企业—顾客间共同组织、共同决策、资源共享及任务协作的水平越高，越有助于服务创新绩效的提升。例如，具有很高 KIBS 企业—顾客互动水平的案例 Ⅰ 具有很高的服务创新绩效；案例 Ⅱ 和案例 Ⅳ 中 KIBS 企业—顾客互动水平普遍较高，服务创新绩效处于较高水平；案例中 Ⅲ，除共同决策水平较高外，共同组织、资源共享、任务协作水平都较低，其服务创新绩效相应地处于一般水平（如图 3 -2 所示）。

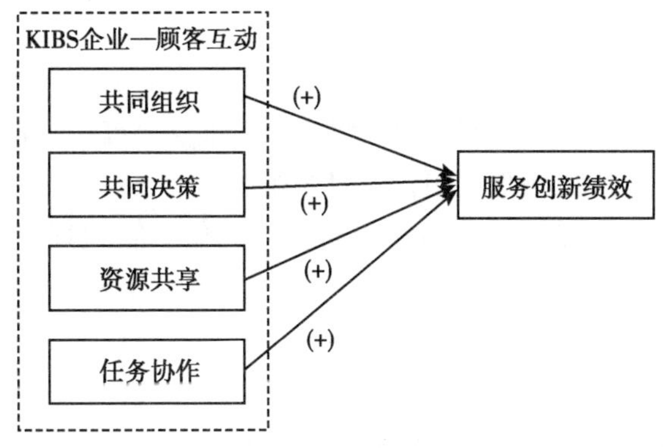

图 3 -2　KIBS 企业—顾客互动与服务创新绩效关系

因而，本研究提出以下初始假设命题：

命题 1：KIBS 企业—顾客互动（共同组织、共同决策、资源共享、任务协作）对服务创新绩效有正向影响。

二　KIBS 企业—顾客互动与知识整合

在本书的预设模型中，本研究提出服务创新中 KIBS 企业—顾客互动对内外部知识整合有重要影响，下面将通过 4 个探索性案例研究支持并细化这一理论预设（如图 3 -3 所示）。

（一）KIBS 企业—顾客间共同组织与内外部知识整合

从表 3 -5 中可以看出，当 KIBS 企业—顾客间共同组织程度越高时，内

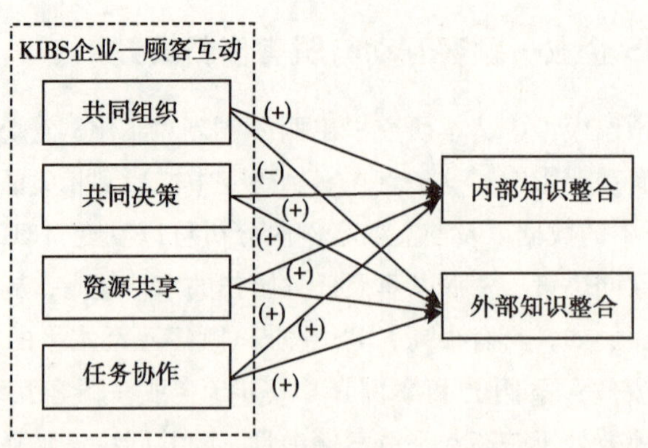

图 3－3　KIBS 企业—顾客互动与内外部知识整合关系

部知识整合水平也呈较高水平，这一点在案例Ⅰ中的表现最为明显。在电子政务平台开发初期，甲公司与 A 局成立了联合开发小组，项目组对于双方角色与分工有明确规定，并在平台开发中逐渐建立起规范化管理机制，如意见征集会、工作简报编制及问题申报流程等，不仅促进了来自不同专业领域的知识为项目成员所接触与应用，还明显地推进了项目组成员发展出共同语言。尤其是当面对着复杂问题与情景时，规范化机制“通过处理常规问题的记忆”发挥了协调机制的作用，监督与引导成员的恰当行为，进而促进成员在项目层面达成共享的观点。案例Ⅱ中，为促进信息化校园建设，乙公司与 B 校分别组建项目组对接工作，并且是在信息化校园建设实施环节建立起了较为规范的协作机制，如定期沟通协调会、建设进展信息发布会，因此，即便双方项目组成员分布极广，但规范化且被共同遵守的规则和机制还是能够促进 B 校情景化知识与乙公司技术知识进行高效整合推动，使项目顺利开展。

从表 3－5 中还可以看出，当 KIBS 企业—顾客间共同组织程度较低时，尽管不利于内部知识整合，但外部知识整合水平却呈较高水平，这一点在案例Ⅲ和案例Ⅳ中表现最为明显。在这两个案例中，尽管 KIBS 企业派出专门团队提供服务，顾客方也指定相关专门人员负责与 KIBS 企业的联系与沟通，但双方并没有形成共同的规范化运作。如案例Ⅲ中丙公司前线经理与顾客方人力资源部联系沟通较为频繁，但主要是通过一些非正式化的渠道开展交流；案例Ⅳ中 D 公司总经理和杭州公司财务经理是与 KIBS 企业联系的中间人，但双方没有共同建立相关协作配合规则或机制，尤其是当涉及要与杭州各职能部门及人员接触时。相应地，项目层内部信息和知识接触与获取由于缺乏有效率规则的支持，包括有效的问题协调机制，其整合效率与范围受到一定程度影响。然而，案例Ⅲ和案例Ⅳ都呈现出外部知识整合水平较高的情况。如在案例Ⅳ中，面对需要搜集信息具有分布广、异质性强特点，没有程式化的组织安排反而更有利于获取与整合外部知识。项目组从与杭州公司各部门、各级员工频繁沟通中获得很多相关资料，还深入各部门工作现场，实地观察操作人员的作业方法，从而为“审核依据的收集方法”增加了“现场沟通、实地观察操作步骤和作业方法”等。

反观案例Ⅰ，在电子政务平台开发中，因为意见征集会不时地邀请项目组外部成员参与其中，如 A 局各处室、各部门、各层级的管理者，包括 A 局外部的技术专家，这在一定程度上促进了项目组对外部知识的吸收与整合，然而，当需要接触更广泛的 A 局基层员工时，这些机制对一线信息的获取就不再明显。同样地，在案例Ⅱ中，当项目开发所需信息嵌入在分布更广泛的双方项目组外部时，较高的共同组织水平阻碍了信息的有效获取。如定期的沟通协调会在收集学校二级学院信息部门领导的真实想法时效果不好，而从学校师生层面获取信息时，非正式的松散联系方式更利于真实、丰富信息的获取。从理论上看，结构化的询问互动机制、刻板的角色预设限制了项目成员从外部获取顾客贡献的丰富度与频繁度（Nambisan，2002），不利于潜在新知识的开发与整合。可见，KIBS 企业—顾客间共同组织程度越低，反而更利于外部知识整合。

通过访谈，我们也获取了许多关于 KIBS 企业—顾客间共同组织与内外部知识整合关系的描述，见表 3－6。

表 3－6　KIBS 企业—顾客间共同组织对知识整合的影响

	数据列举
共同组织与内部知识整合	案例Ⅰ：“定期意见征集会提供了项目成员接触与应用来自不同专业领域知识的机会，更重要的是，多次意见征集会上的讨论，使项目组成员对于如何理解 A 局提供的系统数据与资料有了共同的方法。”“为了某些关键问题，大家思路和出发点有很大差异，时常得不到及时有效解决。会议纪要不仅搭建了项目成员充分交流各自专业领域知识的平台，也提供了解决分歧与冲突的机制，促进项目组在综合多方意见基础上达成一个共享的观点。” 案例Ⅱ：“当双方有了较为规范化的规则和机制来指导项目开发时，即便项目组双方人员及信息都分布极广，还是能够较为高效的实现内部知识整合，如，‘翼卡通’建设中有效整合了 B 校几个职能部门，包括后勤、教学、科研的需求。” 案例Ⅲ：“整个商保团险服务创新过程中，双方共同组织创新的情形并不突出，相关规则与流程安排很少，很多有价值信息的整合靠的是丙公司自行摸索。” 案例Ⅳ：“内控审核服务开发以一种较为松散的方式运行，对于如何具体开展，除了在项目初，双方举行了一些较为正式的讨论外，双方并没有制定相关规则或流程对具体活动作出安排。于是，项目组在内部有效地吸收、应用与整合审计知识与 SOP 知识时经历了一个较长的摸索过程。”

续表

	数据列举
共同组织与外部知识整合	案例Ⅰ："当外部专家有机会被邀请到一些座谈会时，我们可以近距离接收第一线的信息，然而，当需要深入接触A局基层员工获取他们对于系统使用的想法时，这些机制对一线信息的获取与整合就不再明显。" 案例Ⅱ："项目开发所需信息嵌入在分布更广泛的项目组外部时，共同组织就无法起到相应的功效，甚至阻碍了信息的获取。如定期的沟通协调会在收集学校二级学院信息部门领导的真实想法时效果不好，在从学校师生层面获取信息时非正式的松散方式效果更明显。" 案例Ⅲ："我们的前线经理通过非官方的渠道了解了员工在生理与心理方面的需求，对于保险服务的设计给予了很多启发。" 案例Ⅳ："我们并没有很多的会议或规定好的流程来规定事情的开展，只要有需要，沟通联系就会发生，以口头的、邮件的方式进行，这种灵活的、即兴发生的、非正式的方式带来较好的效率与效果。"

通过上述分析，本研究提出以下初始假设命题：

命题2：KIBS企业—顾客间共同组织对内部知识整合有正向影响。

命题3：KIBS企业—顾客间共同组织对外部知识整合有负向影响。

（二）KIBS企业—顾客间共同决策与内外部知识整合

从表3-5中可以看出，当KIBS企业—顾客间共同决策程度越高时，知识整合也呈较高水平。通过访谈，我们也获取了许多关于两者关系的描述，见表3-7。

案例Ⅰ中，无论是平台需求分析阶段，还是平台开发与测试环节，都体现了极高的共同决策水平。首先体现在决策人员构成上，由甲公司与A局各自派出核心成员为代表进行磋商，决策过程中平等对话，主动征求并综合考虑对方的观点与意见，这极大地激发了项目成员贡献知识、进而整合内外部知识的动机及行为。并且，会议纪要做为一项决策流程和制度被建立和执行，很好地帮助了甲公司与A局在许多关键问题上快速有效地达成一致，进而达成共享的观点和意见以指导后续活动开展。案例Ⅱ中，因为双方派出的项目对接成员中都有各自的高层与执行层，于是在进行决策时，有双方高层与高层、执行层与执行层这样两条平行的集体决策轨迹。在遇到一些重大关键性问题时，先由双方高层坐在一起讨论做决策；当明确大方向并进入对具体细节确认及项目实施环节时，则主要由双方执行层在一起进行协商。不同层面的共同决策促进了双方达成共享观点，从而进一步推进项目进展。如双方高层在多轮磋商后达成信息化校园建设共识，接着双方执行层在"翼卡通"建设上的协商，使"翼卡通"在功能建设上整合了许多新颖内容。

可见，KIBS企业—顾客间协调决策程度高低决定了行动系统中各专家成员贡献并整合专业领域知识的程度，当双方项目成员的观点被鼓励充分表达与交流时，多样化的、创新性想法更可能在项目层面得以全面分享、吸收与整合。尤其是当项目开发面临复杂的、易出现分歧的问题时，如果决策由一方主导，另一方则无法贡献自身不同的思想与观点，不利于开发出一个双方共享的观点。如案例Ⅲ中，保险服务内容与服务流程设计是双方关注的焦点，一方面，丙公司受行业规则的约束并有自己较为成熟的标准化服务开发体系，另一方面，C 公司有自己的特定需求和敏感点，于是，在丙公司提出的解决方案进入到与顾客方沟通与确认环节时，双方想法差异较大，但由于双方呈现出较高的相互理解与民主协商的姿态，从而在流程设计与费用安排上达成一致观点。又如案例Ⅳ中，尽管丁公司与顾客对“审核时间”有不同考虑，但友好的协商使项目最终明确了一个让双方都能接受的、更为合理的“季度审核周期”。

表 3－7　KIBS 企业—顾客间共同决策与内外部知识整合

	数据列举
共同决策与内部知识整合	案例Ⅰ：“A 局是一个层级严明的机构，和 A 局开会就是双方集体协商的过程，而会议纪要则是集体决策的成果，没有它，大家给予的关注少，很多问题解决不了；有了它，会议前我们会去理清自己的想法并罗列问题，然后充分利用这个讨论机会去表达我们的想法，并积极与甲公司成员商讨可行的解决思路，这促成我们很有效率和效果的达成一致共享观点。” 案例Ⅱ：“关于决策我们分两个层级进行，重大方向性的决策一定是双方高层坐在一起沟通，一旦上面拍板了，如何实施则由我们执行层来商讨，如信息化校园界定就是由高层定下来，然后我们落实。”“在建设学生老师的‘翼卡通’，因为乙公司的兄弟企业已有很多成功经验可借鉴，所以乙公司项目成员有自己的判断力，每次会带着较为成熟的想法，去和 B 校几个职能部门如教学、科研、后勤等在一起协商，在这个过程中 B 校成员会提想法，会补充，会确认，回去后乙公司会根据顾客要求进行修改，这很好地促成双方对于‘翼卡通’的功能设计形成一致观点。” 案例Ⅲ：“我们和 C 公司会举办保险方案沟通会，会上有来自丙公司相关部门负责人、包括决策层领导，除回答顾客在服务与理赔方面的疑惑外，更重要的是征求他们对方案设计的想法，这促进了我们改进我们的服务，如在服务于大众客户的团险核心服务流程基础上，增加了如‘快速理赔’、‘通融赔付’等特色服务。” 案例Ⅳ：“D 公司总经理和杭州公司财务经理与我们共同决策，要求双方意见都能被纳入考虑以产生更好的解决方案。如，顾客要求本次审计能够阶段性地了解内控情况，从他的角度来讲，越频繁越好，比如每个月能收到审核报告。但是，这对我们来说太麻烦，并且顾客需要承担的费用也会高到不合理程度。为此，通过聚在一起讨论，综合双方立场，经协商最终确定‘每季度进行一次审核，每次到客户进行 5 天左右的外勤工作，收集审核的材料依据’的共享观点。”
共同决策与外部知识整合	案例Ⅰ：“因为我们知道会议上做出的集体决策会形成纪要，并直接影响下一步工作的推进，而 A 局在很多问题上毕竟与我们有视角的不同，所以之前我们会尽量地从外部多方搜集信息，从而在会上去表达与强化我们的观点。” 案例Ⅱ：“共同决策使项目成员主动从外部搜集信息，如通过获取来自 B 校一线师生的需求，促进‘翼卡通’引入‘即时通讯，校园商铺小额支付’等功能，对‘网上大学’如何定位，必须征求顾客意见，为此我们积极对 B 校二级学院层面的信息管理人员及前线教师进行交流，获取他们对丰富与具体化‘网上大学’的期望。” 案例Ⅳ：“顾客提出按 SOP 标准审核，这对我们而言是全新的课题，很多问题需要与顾客共同协商。为此，我们必须做足功课，包括认真研究 SOP 程序、请教外部有类似审计经验的专业人士，以及持续从公司各部门主管及员工处挖掘有价值的一手信息，以利于审计方法上的改进与整合。”

此外，当 KIBS 企业—顾客双方意识到自己的观点与想法能够被认真倾听与考虑，从而有潜力贡献于创新性的服务产出时，其对外部多样化领域知识整合的动机与能力也会显著提升。在案例Ⅰ中，为完善电子政务平台开发，项目组积极吸纳来自外部专家以及系统使用者（A 局下属各处、室职能部门）的意见，认真对待，这对项目组改进平台适应性问题给予了较大启发。类似地，案例Ⅱ中，对于“网上大学”的建设，项目成员积极对 B 校二级学院层面的信息管理相关人员及前线教师想法和信息进行深入挖掘，以丰富与具体化 B 校高层对“网上大学”的定位与期望。可见，KIBS 企业—顾客间共同决策水平越高，其对外部知识整合的动机与努力也随之增强。

通过上述分析，本研究提出以下初始假设命题：

命题 4：KIBS 企业—顾客间共同决策对内部知识整合有正向影响。

命题 5：KIBS 企业—顾客间共同决策对外部知识整合有正向影响。

（三）KIBS 企业—顾客间资源共享与内外部知识整合

从表 3 - 5 中可以看出，当 KIBS 企业—顾客间资源共享程度越高时，内外部知识整合都呈较高水平。从理论上看，服务创新过程中，KIBS 企业与顾客分别代表技术与市场两方，拥有互补的异质性资源。于是，如果双方间资源共享活动越多，则项目成员可接近与应用的异质性资源宽度与深度越强，这拓宽了 KIBS 企业—顾客作为一个行动系统可利用知识的领域，从而能促进项目成员在内部和外部应用整合异质性知识以贡献于项目层的价值创造。通过访谈，我们获取的关于 KIBS 企业—顾客间资源共享与内外部知识整合关系的描述见表 3 - 8。

表 3 - 8　　KIBS 企业—顾客间资源共享与内外部知识整合

	数据列举
资源共享与内部知识整合	案例Ⅰ：“当 A 局提出平台开发要满足‘先进、实用、可扩展等要求和系统需求’的基调时，我公司成员分享了以往丰富的 ERP 建设与实施经验，A 局专家则既提供专业知识，还共享其对 A 局内部管理流程的认识，双方知识的共享与碰撞最终促成项目组达成平台开发目标，即‘开发一个集成的电子政务平台，将 CAD 无缝集成在平台中，且将原有系统的全部数据迁移到新平台中。” 案例Ⅱ：“为配合项目组对学校原有系统进行整合，B 校提供了学校各学院与基层现有系统在技术层面与运行层面的信息，包括关于其系统平台的技术文本资料，与此同时，项目组也会向学校提供最新的技术系统信息，这些资源共享活动一定程度上有利于将现有系统功能与信息化校园预期的系统功能进行整合。” 案例Ⅳ：“顾客为我们提供了其 SOP 手册，杭州公司各部门在其财务经理要求下提供了如工作统计报表、工作制度和工作程序方法等各类资料，这些信息帮助我们更好地理解顾客需求，为寻找更能达到顾客要求的审核方法提供了思路。”

续表

	数据列举
资源共享与外部知识整合	案例Ⅰ："A 局充分动用其社会资源，邀请来自市委信息中心、市政府信息中心、邮电学院和国土局信息中心的外部专家对平台开发进行诊断，从而吸收了建设性意见，如'在系统部署上要考虑维护的方便性，注重数据的一致性，同时为了保证系统正式运行后的扩展和维护'等，用于指导平台改进。""来自 A 局用地、建管、法规、区县、详规等处室反馈意见与问题（如打开地形图速度慢、道路红线和用地红线入库操作麻烦，不能保证所有图形实体入库、系统退回不稳定、平台和现行操作流程和表单不符等）很多，涉及领域也很广，但因为项目组内有丰富的知识基础，所以我们能很快理解，并进行专题改进，这对改进平台适应性有较大帮助。" 案例Ⅱ："双方技术与信息的共享使项目组摸清了 B 校现有系统的运行现状，有助于推进对二级学院信息化部门领导及员工观点的理解与整合。" 案例Ⅳ："通过资料共享，我们对顾客内部控制标准有了更深入了解，这促进我们能够不断吸收外部新想法和做法，进而不断探索、调整与增加审核方法。"

在案例Ⅰ中，可以清楚地识别到甲公司与 A 局在资源方面进行着频繁的共享，这促进了项目组从内外两方面进行知识整合。平台开发中，来自甲公司与 A 局下属三个单位的成员背景差异大，甲公司成员贡献其丰富 ERP 管理思想、系统实施方法论和系统技术知识，A 局专家分享受其专业知识与对 A 局内部管理流程的信息，这促使在项目层面对平台如何建设有更全面与多维的理解，并在平台建设时能赋予其内涵与价值。此外，值得提及的是，A 局还充分动用其社会资源，邀请来自市委信息中心、市政府信息中心、邮电学院、国土局信息中心的外部专家对平台开发进行诊断，从而使平台开发能够有效整合外部建设性观点与意见。

KIBS 企业—顾客间大量互通有无的资源交换与分享活动扩展了服务创新的知识基础，不仅能够促进内部知识整合，对外部知识整合活动的促进也很显著，因为来自多样化专家知识领域的成员信息共享，使其在识别与整合外部知识时具有较高的吸收能力。如在案例Ⅰ中，尽管项目组在平台开发中常收到来自 A 局下属各处、室反馈的关于平台功能和使用方面的多样化观点与意见，但由于多样化专业知识与信息的共享使项目组成员具备了能很快吸收并理解这些不一致观点的能力，从而进行针对性的调整或提供更好的解决方案，表现出较高水平的外部知识整合。又如案例Ⅳ中，顾客方在创新活动中提供了很多资料和信息，包括 D 公司提供的 SOP 手册、杭州公司提供的大量与 SOP 程序要求相关的资料，如来自财务部的很多凭证和报表，以及各职能部门的工作统计报表、工作制度、工作程序方法、内部通知等，为项目组奠定了吸纳多样化信息的能力，进而促进了该项目在传统审计方法基础上的新突破，如增加了“季度审核方法”、“按流程的审核程序”及“审核依据的收集方法”等。

在案例Ⅲ中，C公司的资源共享活动可以说很主动，早在团险竞投标时，C公司人力资源部就提供了一份相对完整的团体保险招标书，使丙公司全面了解C公司的团体寿险、医疗保险计划，并且在丙公司竞标成功后，C公司为丙公司提供投保相关人员背景的文本信息，不过，因为信息共享的数量与质量并不高，于是，内外部知识整合水平处于一般水平。

通过上述分析，本研究提出以下初始假设命题：

命题6：KIBS企业—顾客间资源共享活动对内部知识整合有正向影响。

命题7：KIBS企业—顾客间资源共享活动对外部知识整合有正向影响。

（四）KIBS企业—顾客间任务协作与内外部知识整合

从表3-5可以看出，当KIBS企业—顾客间任务协作程度越高时，内外部知识整合也呈较高水平。从理论上看，当服务提供商KIBS与顾客组织双方的任务协作程度较高时，服务创新被转变成一个共同解决问题的过程，在这个过程中KIBS企业—顾客双方分担着相互关联的、特定领域的任务，这鼓励项目成员能够不再只关注自我利益和自我立场，而是积极地为项目成功而共同努力。通过访谈，我们获取的关于KIBS企业—顾客间任务协作与内外部知识整合关系的描述见表3-9。

表3-9　KIBS企业—顾客间任务协作与内外部知识整合

	数据列举
任务协作与内部知识整合	案例Ⅰ：“我们和A局从项目初就有明晰的任务分工，这很好地促进大家朝着共同的方向努力，在遇到问题时也比较能站在对方角度思考，容易理解对方，达成一致意见。如A局勘测院三名专家牵头对A局管理业务进行了规范，对地形图提供、规划红线制作等工作流程的设置进行优化和完善，这促进了项目组共同达成对A局业务管理方面的管理思路。” 案例Ⅱ：“在项目需求分析阶段，我们与B校项目成员协作较多，对需求的明晰能够较顺利达成，如网上大学的定位；在项目建设阶段，主要由我们乙公司来负责技术引入，他们在理解技术方面的主动性并不强，而对于系统的使用方面又较为挑剔，要形成统一观点较为困难。”
任务协作与外部知识整合	案例Ⅰ：“因为我们之间有任务分工，为把事情做好，大家都会尽力在力所能及范围内去获取外部专家的观点与有价值的信息，甚至很多时候有价值的信息是A局的项目成员从A局基层收集回来提供给我们的。” 案例Ⅱ：“当在设计翼卡通的功能时，B校图书馆信息中心负责配合我们，为了促进共同目标的实现，中心的信息管理员想办法找了很多老师和学生填问卷、做访谈，很多功能特色就是这样被整合进了翼卡通。”

案例Ⅰ体现出很高的任务协作水平。电子政务平台开发在项目初就明

确了甲公司与 A 局各自的角色与任务，即甲公司负责电子政务平台开发，A 局勘测院负责配合；甲公司确定业务系统建设内容，A 局地理信息中心负责拟定数据库建设有关标准，甲公司及勘测院按照标准分别实施数据库建设这个协作关系促进了双方的配合。进入平台开发的具体环节中，为促进甲公司软件开发中的技术工作，A 局给予了积极配合与支持。双方为实现平台开发所展开的各种协作活动，有效地促进了成员间开放性的知识交流、吸收与应用。这是因为，为了共同解决问题，双方项目成员多次互动和深入交流，于是，不但能从中获得简单的嵌入知识，也能获得复杂嵌入类的知识，从而促进了内部知识整合。与此同时，由于项目成员必须通过持久的互动才能共同解决问题，随着时间的推移和互动的加深，项目成员逐渐形成了能为双方理解的行为规范和共同语言，这还促进了隐性知识的转移和学习（Hansen，1999）。并且，通过共同解决问题，项目成员可以更容易理解合作创新的情景，能够在应用所学的知识时考虑特定的情景，从而促进多样化知识的内外部整合。

案例Ⅱ中，乙公司与 B 校双方的协作配合有阶段性差异。需求分析阶段双方的协作配合较多，推进了项目组对顾客需求的深入挖掘与提炼，如翼卡通的功能设计与网上大学建设思路上的突破；但进入信息化校园具体开发建设中，来自 B 校的协作并不多，信息化建设主要以乙公司为主，对此，乙公司一位项目经理认为："技术服务业本来就专业化，清楚了顾客提出的需求后，就要由我们负责提供相应技术。"因为顾客参与较少，一定程度上对后续系统运行能否符合顾客需求有影响。

案例Ⅲ和案例Ⅳ中，任务协作水平都普遍较低，对内外部知识整合的促进作用也不明显。案例Ⅲ中，尽管丙公司针对 C 公司特定需求设计并提供了创新性的服务概念，即在传统团险服务中置入 EAP 保险服务，但丙公司有较为标准成熟的开发模式，因此新服务开发过程主要依赖于丙公司成熟的服务开发体系，C 公司参与具体保险服务内容开发活动比较有限，对此丙公司项目经理认为，"开发中顾客较少参与在一定程度上会影响双方对一些问题较快达成一致观点"。案例Ⅳ中，因为审计工作代表一种专业判断和一种公信力，所以内审的具体工作由审计方人员负责，对此，丁公司一位审计专家认为，"这需要我们花更多的时间去和顾客沟通和交流，以确保顾客相信我们所做的工作正是他们要求和期望的"。可见，任务协作方面的匮乏可能导致 KIBS 企业—顾客双方在理解、接纳和包容对方不同观点与想法时经历一些障碍，进而影响内外部整合的效率和效果。

通过上述分析，本研究提出以下初始假设命题：

命题 8：KIBS 企业—顾客间任务协作活动对内部知识整合有正向影响。

命题 9：KIBS 企业—顾客间任务协作活动对外部知识整合有正向影响。

三 知识整合与服务创新绩效

在本书的预设模型中，本研究提出知识整合对服务创新绩效有重要影响，通过 4 个探索性案例研究支持并细化了这一理论预设（如图 3－4 所示）。

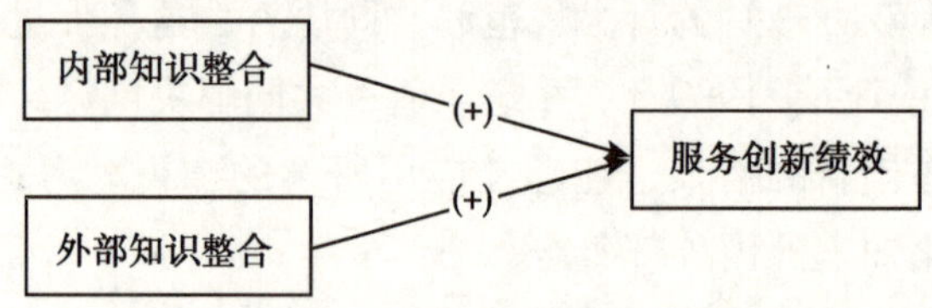

图 3－4 知识整合与服务创新绩效关系

既有研究中已有大量证据表明，知识整合对服务创新绩效有正向的影响，这在本书的探索性案例中也得到了有力支持。比如，案例 I 平台开发的内外部知识整合程度都较高，该项目在服务创新绩效方面也表现很好。信息化校园建设项目中，内部知识整合与外部知识整合都较高，最终服务创新绩效水平较好。商保团险服务创新中，内外部知识整合水平表现都一般，最终服务创新绩效一般；会计内控审核服务尽管内部知识整合一般，但外部知识整合水平很高，最终服务创新绩效较高。可见，当内外部知识整合水平越高时，服务创新绩效水平也越好。

通过上述分析，本研究提出以下初始假设命题：

命题 10：内部知识整合对服务创新绩效有正向影响。

命题 11：外部知识整合对服务创新绩效有正向影响。

第五节 本章小结

本书通过对 4 个服务创新项目的探索性案例研究，探讨了 KIBS 企业—顾客互动对服务创新绩效的影响机制。本书认为 KIBS 企业—顾客互动有利于服务创新绩效的改善，这种作用部分是通过内部知识整合和外部知识整合这两个变量传导的；KIBS 企业—顾客互动正向影响内部知识整合，对外部知识整合的影响则相对复杂；内部和外部知识整合都正向作用于服务创新绩效。通过探索性案例的推导论证，本章共提出 11 项初始假设命题，汇总如表 3－10 所示。

本章提出的命题假设基本勾勒了 KIBS 企业—顾客互动对服务创新绩效的作用机制和过程模型，但由于上述结论是通过几个典型案例分析得出的，由于样本数量的限制和研究问题本身的复杂性，一些重要关系还无法充分展开，结论的有效性也无法很好地验证。在下一章中，本书将结合已有文献对初始假设命题作进一步的展开和论证。

表 3－10 KIBS 企业—顾客互动与服务创新绩效影响机制的初始命题

命题序号	命题具体描述
命题 1	KIBS 企业—顾客互动（共同组织、共同决策、资源共享、任务协作）对服务创新绩效有正向影响
命题 2	KIBS 企业—顾客间共同组织对内部知识整合有正向影响
命题 3	KIBS 企业—顾客间共同组织对外部知识整合有负向影响
命题 4	KIBS 企业—顾客间共同决策对内部知识整合有正向影响
命题 5	KIBS 企业—顾客间共同决策对外部知识整合有正向影响
命题 6	KIBS 企业—顾客间资源共享活动对内部知识整合有正向影响
命题 7	KIBS 企业—顾客间资源共享活动对外部知识整合有正向影响
命题 8	KIBS 企业—顾客间任务协作活动对内部知识整合有正向影响
命题 9	KIBS 企业—顾客间任务协作活动对外部知识整合有正向影响
命题 10	内部知识整合对服务创新绩效有正向影响
命题 11	外部知识整合对服务创新绩效有正向影响

第四章

KIBS 企业—顾客互动对服务创新绩效的作用机制模型

通过第三章的探索性案例研究，本书提出了 KIBS 企业—顾客互动对服务创新绩效作用机制的 11 个命题，初步得出了 KIBS 企业—顾客互动作用于服务创新绩效的几条路径：直接作用、通过内外部知识整合间接作用于服务创新绩效。下面，本章将沿着第三章的三条路径，结合已有相关研究从更深层次上进行理论探讨，以期形成 KIBS 企业—顾客互动作用于服务创新绩效的概念模型和细化假设。

第一节 KIBS 企业—顾客互动与服务创新绩效

KIBS 企业与顾客间蕴含着一种“共生关系”，通过合作互动能够促使 KIBS 企业与顾客双方的资源互补和能力重构（埃尔托格，2000；贝当古等，2002；德雷耶午温丁，2003）。与顾客合作，一方面能够降低 KIBS 企业服务生产与创新不确定性（阿拉姆，2006；布洛泽维克，利文斯，2008），另一方面顾客本身拥有很多知识和能力，能帮助 KIBS 企业交付最佳解决方案（贝当古等，2002b）。于是，KIBS 企业—顾客互动成为整合利用双方资源与能力的途径，也是服务创新的重要源泉。具体而言，KIBS 企业—顾客间共同组织与共同决策为创新提供了恰当的创新结构安排，而资源共享与任务协作则促使 KIBS 企业与顾客整合如一个集体一样行动，促进具体创新活动的开展与实施。

一 KIBS 企业—顾客间共同组织与服务创新绩效

KIBS 企业—顾客间共同组织是指 KIBS 企业—顾客为如何进行双方交换与合作活动而共同制定并遵循规则、政策与程序的程度。KIBS 企业—

顾客间共同组织集中体现了对双方行动与运作规则等方面的共同考虑及安排。

KIBS 企业服务创新活动是一个不确定性程度很高的过程（利文斯，莫纳尔特，2000；尼吉森等，2006）。因为服务创新通常表现为一个想法或概念（蔺雷、吴贵生，2005），而不是有形的实体，不能够被预先测试，在被实现前都一直是抽象的（汤姆克，2003），尤其是 KIBS 企业服务活动本身具有的知识密集型特征（迈尔斯，1995；迈尔斯，2000；魏江等，2007），更是大大增加了其创新的不确定性程度。与此同时，KIBS 企业服务创新又是一个极其复杂的过程，创新任务涉及跨 KIBS 企业—顾客边界的多职能部门（哈特，斯维斯，1993；桑博，1999），要求双方进行广泛的任务协作与频繁的沟通。然而，顾客参与 KIBS 企业服务创新本身又将导致投入不确定性（马丁等，1999），这源自两方面：一是顾客需求多样化；二是顾客为服务创新过程提供劳力或信息而积极参与的程度。据拉森和鲍思（1989）研究，由于 KIBS 企业对于顾客实际将提供的行动只拥有不完整的信息，于是当顾客趋向于贡献更多的行动时，投入不确定性就越大。因此，服务创新过程中对 KIBS 企业—顾客互动系统建立起协作规则、流程甚至问题解决方式等，将逐渐为这个不确定的、模糊的环境建立起秩序（韦克，1979）。KIBS 企业—顾客间规范化的规则与流程等能够通过"提供处理常规问题的记忆"发挥着协调机制的作用，它们"删除了将每个情景都视为全新的必要性"，从而减少了沟通与决策的数量（加尔布雷思，1973）。更为重要的是，规则界定了恰当与不恰当的行为或产出（沃尔什，德瓦，1987），进而有助于将 KIBS 企业服务创新不确定性控制在适当程度。此外，集体行为机制的建立有助于处理 KIBS 企业—顾客双方的协调与控制问题，减少社会协调与控制的需要（麦钱特，1985；登埃尔托格，威灵加，1992），KIBS 企业—顾客间联系能够通过较为规范化的互动机制来实现高效的跨界资源获取与整合，进而促进服务创新绩效提升。

具体而言，KIBS 企业—顾客间共同组织可以提高服务创新的速度和质量。如何快速地开发新服务是赢得竞争优势的关键，因为服务创新依赖于 KIBS 企业与顾客的共同努力，因此新服务开发的速度与 KIBS 企业—顾客间的联系安排程度密切相关（埃里克塞尔吉奥斯，2005；芳，2008），通过对 KIBS 企业—顾客互动活动建立起协作规则、流程，将大大提高双方之间沟通与反馈的效率，并极大减少了沟通与决策的数量。同时，KIBS企业—顾客互动中建立问题解决流程与方式能够促进双方相互协调并一起解决合作中遇到的问题，从而增加组织的效率，降低误差并减少服务开发时间，促进服务创新绩效。

并且，KIBS 企业—顾客间共同组织还有利于 KIBS 企业—顾客间的协调与配合，从而促进服务创新绩效。在服务需求分析、服务概念提出、服务概念开发及测试等环节之间的密切配合与协调要求 KIBS 企业—顾客双方能够提供必要资源、分享反馈观点与建议及参与协作类活动，双方明晰的组织安排为此提供了有利的、易控制和协调的机制与渠道，从而使得服务创新的过程更加有效。

综上所述，本研究提出如下假设：

假设 1a：KIBS 企业—顾客间共同组织对服务创新绩效有正向影响，即共同组织程度越高，服务创新绩效越高。

二 KIBS 企业—顾客间共同决策与服务创新绩效

KIBS 企业—顾客间共同决策指 KIBS 企业与顾客作为集体行动系统中的主体在创新过程中通过民主协商方式解决不同意见和观点的程度。服务创新过程中，创新决策以不同的形式在不同的管理层级和不同的创新阶段做出（克罗弗德，1997）。对于服务创新实践而言，顾客需求的快速变化、技术的飞速发展及市场的激烈竞争使得与创新相关的决策在高度不确定的情形下做出，然而这些决策又必须指导具体的、准确的和可执行的行动（瑞尔等，2004）。于是，在不确定性情形下的高质量决策对于服务创新绩效有重要影响。

在服务创新中，KIBS 企业代表了技术，顾客代表了市场（马廷等，2004），双方各自的专业知识背景与专业技能显著不同，面对问题时采取的视角与观点的差异性较大，于是双方达成一致性观点进而推进创新前进的难度越大。在这样的情形下，共同决策的机制安排将有利于双方将沟通与交流更好地聚焦于问题解决上，提高决策及执行的效率和效果。并且，当创新决策由 KIBS 企业—顾客双方共同主导时，在面对与自身专业不一样的视角和观点时，双方能够带着较为开放的心态来尊重、包容甚至接受来自不同专业领域的想法，这有利于多样化信息的碰撞，从而最大限度地发挥参与者的创新性思维，达到集中集体智慧的目的（埃里克塞尔吉奥斯，2005）。尤其是当服务创新实践遇到关键问题时，共同决策更能促进KIBS 企业—顾客双方全方位考虑进而共同做出高质量的决策（布莱克，格雷格森，1997）。反之，如果对于创新问题的探讨与决策由一方主导，则另一方将无法贡献自身的想法与建议，难以促进行动系统中的各专家成员以其专业知识积极贡献于创新运作（隆德奎斯特，亚赫夫，2004）。

进一步地，由于 KIBS 企业—顾客双方参与共同决策，使得后续的决策执行与实施过程中双方的执行力将会大大提升。一方面，参与决策制定使 KIBS 企业与顾客双方各自的观点与意见得以被充分考虑，因此表现出更强烈的实施决策的动机（南丁格尔，1981）；另一方面，因为参与决策活动的过程及行为，KIBS 企业与顾客双方对于如何实施决策及如何配合对方会有更深的理解，遇到困难时共担责任的意愿与行动力会更强，决策能够被最终实现的可能性更大（洛克、舒威格，1979）。

尤其是对于顾客一方，通过参与服务创新决策，顾客将会认为他们的积极互动很有吸引力（比耶芒，1991；马丁等，1999；隆德奎斯特，亚赫夫，2004），从而表现出更强烈的协作动机，这对于确保最终创新产出与其期望相匹配很有必要。此外，通过在决策中发挥主动积极作用，顾客被引导相信或感觉到他们是能够影响服务提供商在创新中整合了其认为有价值的特征（隆德奎斯特，亚赫夫，2004），这有助于提升顾客对最终服务创新产出的接受与满意程度，正如阿拉姆和佩里（2002）所言，顾客不仅要提供创新投入，还理应在决策过程中积极发挥作用。

综上所述，本研究提出如下假设：

假设 1b：KIBS 企业—顾客间共同决策对服务创新绩效有正向影响，即共同决策程度越高，服务创新绩效越高。

三　KIBS 企业—顾客间资源共享与服务创新绩效

KIBS 企业—顾客间资源共享指的是 KIBS 企业与顾客双方在信息、技术甚至社会资本方面为创新而进行的投入及共享活动，它体现了服务创新过程中双方可以接触并调用对方资源的程度。

根据资源依赖理论，服务创新过程中 KIBS 企业与顾客具有较高的互依性，顾客向 KIBS 企业寻求服务创新方案，是因为他们缺乏足够的能力独立解决问题，需要借助于 KIBS 企业的创新资源；与此同时，KIBS 企业也强烈地依赖于顾客，因为顾客对影响创新成功的资源拥有判断与处理的权力（拉森，鲍恩，1989；考尼奥，1998；尼尔，科金戴尔，1998；格勒尔，洪堡，2000a；马廷等，2004；拉马斯瓦米，2004；萨德，2007）。正如戈德雷（1998）所言，服务创新就是寻求一个问题的解决办法，它将很多不同资源与能力集中起来寻求针对顾客问题的解决方案。类似地，加卢奇（2001）也指出，当服务提供商与顾客合作时，顾客能力与顾客技术是服务创新过程中的重要资源。可见，服务创新过程中 KIBS 企业与顾客分别代表技术与市场两方，拥有互补的、异质性资源，于是，如果双方间资源共享活动越多，则项目开发中可接近与应用的异质性资源宽度与深度越强，这将显著地拓宽 KIBS 企业—顾客作为一个行动系统可利用资源的领域，对服务创新的来源与过程都能产生积极的影响（桑博，1998）。

首先，新颖的创新想法既可能源于 KIBS 企业，也可能由顾客提供，当 KIBS 企业与顾客间资源共享程度加深时，意味着服务创新过程中能更及时地获取更准确的跨专业领域信息，它们蕴含着更为丰富的洞察力，确保明智决策的信息提供及支持（加卢奇，2001）。并且，当这些多样化信息聚集在一起时，能够帮助成员间更快速与更多视角地理解服务创新及其开发过程，更容易发现服务创新中存在的问题与机会，更有助于新颖想法的碰撞和涌现，这对服务创新产生和解决方案形成都很重要（阿拉姆，佩里，2002；阿拉姆，2006）。

其次，从创新过程来看，KIBS 企业—顾客间资源共享是服务创新中的一个重要内容，KIBS 企业与顾客各自掌握着创新所需的各类资源，如各种信息和技术，甚至社会资源，只有将这些资源更有效地整合在一起，才能推动服务创新顺利进行下去。并且，KIBS 企业与顾客各自为合作创新带来了独特的资源，当这些资源结合在一起时，便产生了共同效应，也就是说组合在一起的独特资源更加有价值、稀缺和难以模仿。此外，更为重要的是，KIBS 企业—顾客间资源共享很可能使项目开发获得许多对创新而言意义更为重要的隐性知识，进而推动服务创新又快又好地进行。

综上所述，本研究提出如下假设：

假设 1c：KIBS 企业—顾客间资源共享对服务创新绩效有显著的正向影响，即资源共享越有效，服务创新绩效越高。

四　KIBS 企业—顾客间任务协作与服务创新绩效

KIBS 企业—顾客间任务协作是指 KIBS 企业与顾客在服务创新具体环

节中分别承担起相关工作与职责并相互帮助以解决问题与克服难关的过程，它表征了 KIBS 企业—顾客双方为实现服务创新所做出的适应性调整。

服务创新是一个发现问题并进而解决问题的过程，其中涉及大量复杂且相互关联的具体任务，需要拥有不同技能知识背景的成员贡献其专业技能（加卢奇，2001）。因此，KIBS 企业—顾客间的任务协作能够促进掌握不同知识技能的成员在这些平台上达成高度的相互沟通、配合与协作（哈特，斯维斯，1993；尼尔，科金戴尔，1998；埃尔托格，2000），解决服务创新中遇到的问题与克服困难，提高组织效率，降低创新任务开发用时，促进服务创新绩效提升。

KIBS 企业—顾客间任务协作能够加速服务创新进程。创新任务的分工协作促使 KIBS 企业—顾客双方相互协调并一起解决遇到的问题，并且愿意为了问题的解决做出配合或调整，从而提升创新组织效率，减少开发时间，促进服务创新绩效。

KIBS 企业—顾客间任务协作能够提高服务创新质量。由于 KIBS 企业—顾客双方分担着相互关联的、特定领域的任务并承担相应责任，这鼓励项目成员能够不再只关注自我利益和自我立场，而是积极地为项目成功而共同努力并协作（尼尔，科金戴尔，1998；福斯等，2011）。在此引导下，KIBS 企业—顾客双方成员对不同观点和想法的理解、接纳和包容力也会显著提升，从而促成更具有洞察力与可行性的服务解决方案产生。

综上所述，本研究提出如下假设：

假设 1d：KIBS 企业—顾客间任务协作对服务创新绩效有显著的正向影响，即任务协作越有效，服务创新绩效越高。

第二节 知识整合的中介作用

本章第一节论证了 KIBS 企业—顾客互动对服务创新绩效具有明显的促进作用，而在第三章的分析中我们得到，KIBS 企业—顾客互动与知识整合、知识整合与服务创新绩效之间也存在着正向相关关系。也就是说 KIBS 企业—顾客互动对于服务创新的影响很可能是由知识整合这个变量间接作用实现的。如果我们只关注两个变量之间简单的线性关系，这样往往肢解或掩盖了事物之间真实、复杂的关系，从而可能会歪曲研究现象的本质（卢谢峰、韩立敏，2007）。因此，本节将分析论述知识整合在 KIBS 企业—顾客互动与服务创新绩效之间的中介作用机制，即 KIBS 企业—顾客互动如何通过影响知识整合进而促进服务创新绩效。

中介作用考察的是自变量影响因变量的方式，如果自变量 X 对因变量 Y 存在影响，且 X 通过影响变量 M 来影响 Y，则称 M 为中介变量（温忠麟等，2004；温忠麟等，2005）。

一　知识整合与服务创新绩效

知识是创新的重要资源之一。服务创新过程中，来自 KIBS 企业与顾客的项目成员不仅拥有异质性的知识资源和能力，并能够接触到分布在其组织内部的其他多元化资源和能力（加卢奇，2001），这些独特的资源和技能对服务创新成功来说是必不可少的。然而，实现 1 + 1 > 2 的前提是，这些分布式知识存量能够被充分整合并应用到服务解决方案中。一方面，项目成员在内部将个体各种异质性的知识资源和能力进行有效整合，另一方面，当服务创新所需要的知识并不在项目成员内存在，而是分布在 KIBS 企业—顾客的两端或是其他外部主体中，那么项目成员必须能够接触与汲取这些知识，进而与内部已有知识相整合，以达成创新项目开发目标。由此，知识整合是服务创新中的一个关键过程，从项目层分析，它具有内部与外部两个知识整合方向，结合探索性案例项目研究的实践支持，本研究将知识整合分为内部知识整合和外部知识整合两方面。

服务创新过程中，来自 KIBS 企业—顾客两端的项目成员持有各种异质性的知识资源和能力，成员间需要交流、分析以及处理这些分散的知识，找出这些分散的知识相互结合的方法（蒂瓦纳，麦克莱因，2005），唯有这些个体知识存量被充分整合与应用到服务解决方案时，才能够创造出优良的项目产出。正如斯彭德和格兰特（1996）所言，知识的有用性不取决于有多少知识存量，而取决于它是否能够被有效地挖掘和整合。类似地，尽管 KIBS 企业—顾客互动提供了项目成员接近并利用外部互补性资源和技能的机会，然而这些分布式的、异质性的知识唯有在项目层面得以应用才能促进其转化为服务创新绩效。

并且，在服务创新过程中，由于服务创新的自身特性，无论 KIBS 企业或者顾客，都很难预先设计与明确项目的产出目标。然而，不同的利益相关者对于理想的解决方案有不同的视角（多尔蒂，1992），这些不同观点必须在项目层面得以调和，从而使参与者对解决方案达成一个共享的概念。此外，随着创新开发过程的推进，项目会遭遇无法预知的困难，或识别新的机会，项目目标会伴随着项目启动时不曾存在或不被识别的新信息、变化的技术与涌现的新需求而发生演变，这些都要求项目成员能够不断地整合新旧、内外知识从而有效地适应创新情景变化。

因此，通过整合内外部不同来源的知识，服务创新项目可以充分利用这些对完成任务来说必不可少的知识。内外部知识整合的程度越高，KIBS 企业—顾客双方的多样化视角将更好地反映和体现在项目解决方案中，于是，知识整合通过综合 KIBS 企业—顾客的独特观点提升了创新项目绩效。较高的知识整合还可能同步地促进关于新需求的新信息与进展中出现的局限性之间的识别与整合，进而在创新过程中推进了对变化的外部环境和参与者利益不匹配的纠正，从而促进服务创新绩效。

本书通过探索性研究发现，那些重视知识整合的服务创新项目通过合理利用 KIBS 企业—顾客互动提升了知识整合效果，从而促进了服务创新绩效。比如，案例Ⅰ中，甲公司与 A 局间非常注重双方互动结构的安排及相应过程活动的开展，通过有效地接近与整合内外部知识开发电子政务平台，因而获得了很好的创新产出。综上所述，本研究提出如下假设：

假设 4a：内部知识整合对服务创新绩效有显著的正向影响。

假设 4b：外部知识整合对服务创新绩效有显著的正向影响。

二　KIBS 企业—顾客间共同组织与知识整合

本书关于 KIBS 企业—顾客间共同组织与内外部知识整合的内在逻辑关系如下：

首先，KIBS 企业—顾客间共同组织为 KIBS 企业—顾客双方建立起可以共同遵循的规则与程序。随着项目开发活动的复杂性增加，从事某项活动的地方增多，建立起来的规则、政策与程序将成为更有效率的知识整合机制。根据格兰特（1996）的论述，规则可以被视为规范个体间互动的标准，从而有助于促进组织及团队中的人际交互。这些机制在促进协作方面的效率很高，一个原因是，规则是专家与其他领域的大量专家或非专家进行沟通的低成本方法，并且，这些规则与程序提供了将隐性知识转换为容易理解的显性知识的途径。可见，服务创新过程中 KIBS 企业—顾客双方建立的规则、政策与程序越丰富，越有利于内部多样化知识的整合。

其次，KIBS企业—顾客间共同组织使获取可靠知识和信息的数量与方便性大大提高，从而有利于项目层面进一步使用成员知识和技能。服务创新中所需知识事实上分布在KIBS企业—顾客的两端，知识的利用面临诸多挑战，一是对方信息的识别，知道信息在哪里是转移获取信息最基本前提，同时还要付出一定的搜索成本；二是接近信息，KIBS企业—顾客行动系统中的个体或群体必须具有接近信息源的机会与途径。因此，KIBS企业—顾客间建立起明晰的规则、政策与流程有利于来自双方成员有效地对项目过程进行协调和控制，导致创新能够按可预见的方式获取和整合更多的知识和信息，能够帮助开发成员提高在内外部搜寻、获取与转移过程效率，进而提高内部知识整合的效率。

然而，KIBS企业—顾客间共同组织却不利于外部知识整合的展开。原因在于，一方面，外部知识分布广且普遍嵌入在特定实践中，过多的规则安排无法给予项目成员较多的自主空间去识别与挖掘信息，相反，相对松散的非程式化情境提供给项目成员更为宽松的行动自由，从而更利于外部创新性观点与信息的汲取与整合；另一方面，共同组织作为一种规范化运作的考虑，其程式化的询问互动机制、刻板的角色预设，也一定程度上限制了项目成员从外部获取知识的丰富度与频繁度，从而降低了项目成员从外部整合知识的动机及潜力。

本书通过探索性研究发现，当KIBS企业—顾客间共同组织程度越高时，内部知识整合水平程度也较高。这一点在案例Ⅰ中最为明显，甲公司与A局在平台开发中逐渐建立起规范化管理机制，如会议纪要制度等，不仅促进了来自不同技术背景的知识为项目成员所接触与应用，还明显地推进了项目组内部共同语言形成，并且在面对着复杂问题与情景时，规范化机制“通过处理常规问题的记忆”发挥着协调机制的作用，监督与引导项目成员的恰当行为，充分吸收与整合项目组内部知识，进而促进在项目层面达成共享的观点。然而，KIBS企业—顾客间较高的共同组织水平却局限了对外部重要信息的整合，如在案例Ⅱ中，定期的沟通协调会在收集学校二级学院信息部门领导的真实想法时效果不理想，而从学校师生层面获取信息时采用非正式的松散方式效果很奏效，类似地，案例Ⅳ中KIBS企业—顾客间共同组织呈较低水平，但却有利于外部知识整合。

综上所述，本研究提出如下假设：

假设2a：KIBS企业—顾客间共同组织对内部知识整合有显著的正向

影响，即共同组织程度越高，内部知识整合效果越好。

假设3a：KIBS企业—顾客间共同组织对外部知识整合有显著的负向影响，即共同组织程度越高，外部知识整合效果越差。

三 KIBS企业—顾客间共同决策与知识整合

本书关于KIBS企业—顾客间共同决策与内外知识整合的内在逻辑关系如下：

首先，决策是促进专家知识整合的机制之一（格兰特，1996）。相对于其他知识整合机制，如规则和惯例通过避免沟通和学习带来低成本高效率，问题解决与决策依赖于较高的人际互动与沟通、非标准的协调机制，从而增加了任务的复杂性和不确定性。然而，当面对的是非同寻常的、复杂的、重要的任务时，决策仍是一个重要的知识整合机制。例如，派特纳亚库尼等（2007）研究了信息系统管理人员与普通职员的决策权共享对信息系统开发环境下知识整合的影响，他们发现，决策权共享对知识整合产生了显著的、积极的影响。

其次，服务创新实践中，创新产出无法预先明确的界定，KIBS企业和顾客分别对于创新结果有自己的视角与预期，很可能对创新过程中的许多问题持不同观点，甚至出现较大分歧，经历较为显著的认知冲突。此时，如果对于创新中问题的探讨与决策由一方主导，则另一方将无法贡献自身的观点和建议，难以促进行动系统中的各专家成员凭借其专业知识共同贡献于创新的运作。因此，当创新实践中遭遇关键性问题时，如果KIBS企业—顾客间协调决策的程度较高，双方成员就有机会将各自的想法和观点进行充分表达、交流与辩论，这不仅引导双方成员将注意力聚焦于如何在现有知识与技能基础上实现创新目标，也有利于双方成员能够开发出一个共享的情景（梅塔，2006），进而促进双方不同视角和观点的整合，并创造出新颖的方案去构想和执行项目。

最后，当KIBS企业—顾客双方成员意识到自己的观点和想法能够被认真倾听与考虑，从而有潜力贡献于创新性的服务产出时，其对外部多样化领域知识整合的动机与能力也会显著提升。因为集体决策程度越高，允许双方项目成员自由表达观点与意见的程度越高，为了支持自己的想法，项目成员会更积极地从外部寻求相关信息与资源来支持自己的观点，从而促进外部知识整合。

综上所述，本研究提出如下假设：

假设2b：KIBS企业—顾客间共同决策对内部知识整合有显著的正向影响，即共同决策程度越高，内部知识整合效果越好。

假设3b：KIBS企业—顾客间共同决策对外部知识整合有显著的正向影响，即共同决策程度越高，外部知识整合效果越好。

四 KIBS企业—顾客间资源共享与知识整合

在服务创新过程中，KIBS企业或顾客单方往往难以拥有创新所需的所有资源（加卢奇，维因斯坦因，1997；迪威瑞斯，2006a），因此双方间需要不断地搜寻异质性资源或互补性资源以实现跨边界资源共享。可见，KIBS企业—顾客间资源共享既是创新的源泉，更是创新的重要内容，能够提高服务创新绩效，而这种影响主要是通过提高内外部知识整合水平来实现的（拉森，2001；南比桑，2002）。

首先，若KIBS企业—顾客双方资源共享活动较多，可以增加彼此的接触机会，便利信息披露，促进相互忠诚（斯达巴克，1992），从而提升双方项目成员整合知识的动机。并且，当KIBS企业—顾客双方资源共享活动越多时，可接触与应用的异质性资源越多，这将显著地拓宽KIBS企业—顾客作为一个行动系统可利用的知识领域（加卢奇，2001），创造使不同专业领域的多样化观点进行新颖性整合的机会（萨赫沃，伊玛贝萨-弗南德兹，2005），进而促进项目成员应用整合异质性知识以贡献于项目层的价值创造。

其次，KIBS企业—顾客间资源共享提供了KIBS企业—顾客双方成员认知熟悉对方背景知识的机会，将有可能促进KIBS企业—顾客双方发展出一种共同语言，进而能够促进成员就项目发展出一个共同的理解，推动成员间丰富多样的对话与交流，从而有助于创造性整合潜力的产生（蒂瓦纳，麦克莱因，2005）。

最后，KIBS企业—顾客间资源共享使KIBS企业—顾客作为一个行动主体具有较高的知识吸收能力。越广泛的资源共享，越能促进项目成员之间形成理解和对话的能力，往往更容易从内外部识别、评估和获取本领域的知识，拥有更强的在不同领域整合外部知识的能力（科恩，1990）。与此同时，资源共享使项目成员更容易理解项目中的知识不一致性，更清楚从外部获取何种类型的知识，更擅长应用这些知识来消除不一致性，促进外部知识整合的效率与效果。

综上，当 KIBS 企业—顾客间资源共享效果越好，不仅更利于 KIBS 企业—顾客双方成员接近内外部不同领域知识，而且促进了对内外部多样化领域知识整合的动机与能力。在本书的探索性研究中也可以发现，当 KIBS 企业—顾客间资源共享效果越高时，内部知识整合水平程度也较高。

综上所述，本研究提出如下假设：

假设 2c：KIBS 企业—顾客间资源共享对内部知识整合有显著的正向影响，即资源共享越有效，内部知识整合效果越好。

假设 3c：KIBS 企业—顾客间资源共享对外部知识整合有显著的正向影响，即资源共享越有效，外部知识整合效果越好。

五 KIBS 企业—顾客间任务协作与知识整合

KIBS 企业—顾客间任务协作反映了 KIBS 企业—顾客双方成员参与服务创新中具体任务并承担相关责任的程度，以及认为项目任务很重要和很有趣的程度。

当 KIBS 企业—顾客双方成员间在项目任务完成上的协作程度较高时，他们会产生准确了解这个任务以便取得良好表现的强烈意愿。为准确了解自己的任务，他们会考虑所有相关的观点，收集更多与这个任务相关的知识，并且系统、深入地分析这些知识。

KIBS 企业—顾客间开发协作中，为了共同解决问题，项目成员需要多次互动和深入交流，从中不仅能够获得简单的嵌入知识，也能获得复杂嵌入类的知识，从而促进了内部知识整合。与此同时，由于项目成员必须通过持久的互动才能共同解决问题，随着时间的推移和互动的加深，项目成员逐渐形成了能为双方理解的行为规范和共同语言，这将促进隐性知识的转移和学习（汉森等，1999）。并且，通过共同解决问题，项目成员可以更容易理解合作创新的情景，能够在应用所学的知识时考虑特定的情景，促进多样化知识的内部整合。

此外，创新过程中 KIBS 企业—顾客间协作程度越高，双方个体成员越能意识到对于项目所承担的责任，更加可能考虑尽可能多的选择，从而更准确地理解他们的任务，以便于能够很好地解释自己的工作过程，这促使他们积极地从外部汲取应用有价值的信息。先前的研究也为这种影响提供了一些支持，有些团队经常不能够成功地整合那些分散在外部的信息，因为成员间没有意识到这种整合的重要性（范金克尔，范尼彭伯格，2009）。

综上所述，本书提出如下假设：

假设 2d：KIBS 企业—顾客间任务协作对内部知识整合有显著的正向影响，即任务协作越有效，内部知识整合效果越好。

假设 3d：KIBS 企业—顾客间任务协作对外部知识整合有显著的正向影响，即任务协作越有效，外部知识整合效果越好。

第三节 过程互依性和项目不确定性的调节作用

本章第一、二节逐步打开了 KIBS 企业—顾客互动对服务创新绩效作用机制的黑箱，即 KIBS 企业—顾客互动可以通过推动内外部知识整合促进服务创新绩效。本节将聚焦于 KIBS 企业—顾客互动与知识整合，进一步透视在不同情境变量调节作用下，KIBS 企业—顾客互动对知识整合的影响机制。

尽管许多学者认为 KIBS 企业—顾客间交互与适应意味着双方社会交换与学习的更多界面与更多机会，从而有利于双方共同挖掘、开发及整合知识（威克斯特罗姆，1995；登埃尔托格，2000；马格努森，2003；库西斯托，帕尼沙霍，2008），然而 KIBS 企业—顾客间互动与知识整合的关系并不如大部分研究所认为的一成不变。如马丁和霍尼（1995）对 88 个金融服务创新项目的研究中，运用 7 分量表衡量企业—顾客互动水平，发现那些失败项目中顾客互动的水平为 2.23，而成功项目顾客互动的比率也仅有 2.95。还有学者发现，顾客互动能够提升创新速度，但却影响创新新颖性，顾客无论是作为信息源或合作生产者，并不必然带来期望的知识创造与整合进而提升创新绩效（芳，2008）。甚至有研究认为，与顾客合作极可能导致模仿性的、无想象力的解决方案（屋尔维克，2002）。

上述研究暗示 KIBS 企业—顾客互动与知识整合之间有调节变量存在。在服务创新实践中，我们也确实观察到一些现象，表明 KIBS 企业—顾客互动与知识整合的关系受到一些因素的影响。例如，当顾客作为合作开发者参与服务创新实践时，如果 KIBS 企业—顾客任何一方的任务完成需要依赖于另一方的行动与配合时，KIBS 企业—顾客间交互对内部知识整合的影响就越明显，相反，如果 KIBS 企业—顾客双方可以独立开展任务，或者任务完成与否和另一方工作进度关联性不大时，KIBS 企业—顾客间交互对内部知识整合的影响就明显减弱。又如，当服务创新项目开发过程中面临大量的信息缺口，如缺乏对顾客潜在需求的理解，或是对技术如何应用的困惑，要求创新过程中大量获取外部多样化的知识，包括对顾客需求变动和技术发展的信息，以弥补内部的知识稀缺时，服务创新对外部知识整合需求更为强烈，相应地，能够促进外部知识整合的 KIBS 企业—顾客互动具有更重要的意义。

可见，与服务创新项目特征相关联的变量可能对 KIBS 企业—顾客互动与知识整合的关系起到调节作用。具体到本研究，由于 KIBS 企业—顾客互动将服务创新任务转变为一个共同解决问题的过程（格温，2004），由一系列分布在 KIBS 企业与顾客两端的关联性、特定任务构成，相应地，创新过程特征显著影响着共同解决问题协作机制选择，进而影响知识整合水平及服务创新绩效（芳，2008）。其次，服务创新项目本身的不确定性水平对于理解创新中知识的获取与整合也是非常必要的（利文斯，莫纳尔特，2000）。于是，本书主要讨论过程互依性与项目不确定性对 KIBS 企业—顾客互动与知识整合之间关系存在何种影响。对上述关系的解释，将有助于我们更好地把握 KIBS 企业—顾客互动与知识整合之间的关系，对于服务创新实践中根据创新情景特征构建相应的企业—顾客互动模式具有一定参考价值。

一　过程互依性的调节作用

（一）过程互依性调节变量的引入

服务创新实践中 KIBS 企业—顾客互动将创新任务完成转变为一个共同解决问题的过程，在解决问题的任何层面，都涉及对一系列相互关联任务的识别。当某一方或某个体需要越多信息的支持才能完成某项任务时，其任务的完成就越需要依赖于其他方或其他个体的行动，过程互依性就此产生（汤姆森，1967）。本研究中，顾客作为合作开发者的参与使其成为共同解决问题过程中的重要一方，相应地，过程互依性指的是开发任务完成所要求的 KIBS 企业与顾客的配合协作程度（索布雷洛，罗伯特，2001；芳，2008），较高的过程互依性意味着 KIBS 企业—顾客双方的投入与协作对于完成每项创新任务很重要，这使服务创新项目分解成连续且不相关的步骤变得很困难甚至无法做到（芳，2008）。可见，较高的过程互依性增加了KIBS企业和顾客双方协作的负担，因为只有当KIBS企业与顾客双方在问题解决上不同观点被统一后，项目才能继续向前推进（奥尔森等，1995）。换言之，当服务创新实践的过程互依性水平越高时，创新项目的内部知识整合需求就变得越强烈。于是，过程互依性对KIBS企业—顾客互动与内部知识整合关系可能起到调节作用，因此作为本书关键调节变量之一。

（二）过程互依性对KIBS企业—顾客互动与内部知识整合关系的调节效应

当服务创新项目表现出较低的过程互依性时，KIBS企业与顾客双方可以通过任务分解，利用各自的知识和专业特长在特定领域活动，从而减少行动整体的协作负担，相应地，对内部知识整合的需求变得没有那么强烈，KIBS企业—顾客互动各要素对内部知识整合活动的促进作用将不易体现出来。相反，当服务创新项目的过程互依性较高时，能够促进内部知识整合的KIBS企业—顾客互动各要素会变得更为有利。

首先，当服务创新项目表现出较高的过程互依性时，共同组织与共同决策作为KIBS企业—顾客间的结构协作机制，对于促进双方相互协作、解决双方不同分歧与矛盾的作用更加突出，将更有利于服务创新效率与效果的提升。具体而言，共同组织通过对KIBS企业—顾客互动活动建立起协作规则、流程，将大大提高双方之间沟通与反馈的效率，并极大减少沟通与决策的数量。而双方互动中建立起共同决策的工作结构与方式，能够促进双方相互协调并一起解决合作中遇到的问题，从而提高组织的效率，减少误差并减少服务开发时间，促进服务创新绩效。

其次，体现KIBS企业—顾客间动态活动程度的资源共享与任务协作，在实践上保证了KIBS企业—顾客双方集合不同资源、能力和才干到合作创新中，这些双向的资源、知识和才能的流动及相互作用能显著地影响创新过程的进行进而决定最终创新产出。因此，当服务创新项目表现出较高的过程互依性，KIBS企业—顾客间资源共享与任务协作活动对内部知识整合的促进作用将更加显著。

综上所述，本研究提出如下假设：

假设5a：过程互依性越高，KIBS企业—顾客间共同组织对内部知识整合的正向效应越显著。

假设5b：过程互依性越高，KIBS企业—顾客间共同决策对内部知识整合的正向效应越显著。

假设 5c：过程互依性越高，KIBS 企业—顾客间资源共享对内部知识整合的正向效应越显著。

假设 5d：过程互依性越高，KIBS 企业—顾客间任务协作对内部知识整合的正向效应越显著。

二　项目不确定性的调节作用

（一）项目不确定性调节变量的引入

在组织层面，不确定性被界定为组织执行任务所需要信息数量与组织已拥有信息数量的差距（加尔布雷斯，1977）。对于创新实践，学者认为项目不确定性源自于对组织目标、组织目标的信息需求，以及完成信息需求的过程等方面缺乏一致认同的观点（伍格森等，1981；达夫特，伦格尔，1986）。服务创新是一项知识密集型活动，于是项目不确定性与创新中关键性知识投入的缺乏紧密相关（穆德，1980）。本书认为，当服务创新项目不确定性增加时，意味着项目开发面临大量的信息缺口，缺乏充分与关键的知识投入，如顾客规格要求和技术需求信息等，进而降低了开发团队预测项目产出的能力。于是，KIBS 企业—顾客双方成员更需要从外部获取多样化的知识，包括对顾客需求变动和技术发展的信息，以弥补内部的知识稀缺（达夫特等，1987），进而更好地提供符合顾客期望的解决方案以实现服务创新绩效。于是，项目不确定性对 KIBS 企业—顾客互动与外部知识整合关系可能起到调节作用，因此作为本书的关键调节变量之一。

（二）项目不确定性对 KIBS 企业—顾客互动与外部知识整合关系的调节效应

在服务创新实践不确定性程度较低时，项目内部知识足以应对项目需求与项目技术的要求，项目可预测性也较高，从而降低了服务创新中面临的信息缺口水平，相应地，KIBS 企业—顾客从外部整合知识的迫切性程度较低，换言之，KIBS 企业—顾客互动对外部知识整合的积极影响不易体现出来。相反，随着服务创新不确定性程度逐渐提升，项目所需信息与已有信息的缺口将越来越大，服务创新推进需要能够不断扩大可获取信息的领域及范围以实现知识整合。并且，服务创新不确定性程度较高时，项目成员在创新过程中将面临更多非结构化问题，这些问题本身以及解决问题的可行性方案将变得更为复杂，这也迫切要求 KIBS 企业—顾客双方从外部获取并整合更多样化知识以支持问题解决。于是，能够促进外部知识整合的 KIBS 企业—顾客互动具有更重要的意义。

第一，服务创新项目不确定性程度越高，越需要搜寻与获取来自外部的多样化知识以弥补内部知识存量的不足（利文斯、莫纳尔特，2000）。然而，有价值的知识分散与嵌入在本地环境中，具有明显的隐性特征，很难从其情景中剥离（多尔蒂，2001），需要更为灵活弹性的方式去接近与汲取。此时，一种有机的、非正式的互动联结似乎更有利于创新过程中 KIBS 企业—顾客挖掘与获取外部多样化、异质性知识（桑博，1998a）。因此，作为 KIBS 企业—顾客间结构协作机制之一，共同组织程度越高，其结构化的询问互动机制、刻板的角色预设越会限制项目成员从外部获取信息和知识的丰富度与频繁度（南比桑，2002），因此共同组织对外部知识整合的负向作用将会越发显著。

第二，作为 KIBS 企业—顾客间结构协作机制之二的共同决策，表征了在服务创新过程中通过集体协商方式解决不同意见与观点的程度。当项目不确定性程度越高时，双方 KIBS 企业—顾客从外部获取的信息呈现出多样性与异质性，增加了知识吸收与整合的难度，于是双方协调决策的程度越高，越利于化解双方分歧并融合双方观点，从而促进 KIBS 企业—顾客间就项目发展达到一致共享的观点。因此，共同决策对外部知识整合的正向作用将会更加显著。

第三，资源共享为 KIBS 企业与顾客双方具有不同职能背景和经验的人提供了理解对方的共同平台，于是，在面对项目不确定性水平较高时，资源共享活动扩展了项目成员的知识基，进而提升了 KIBS 企业与顾客共同对外部知识的吸收能力，因此识别、评估和获取项目开发所需要的知识变得更为容易。进一步地，资源共享有助于帮助来自 KIBS 企业与顾客双方不同技术和职能领域的专家形成充分的共同知识，从而能够有效地理解对方独特的知识，并对彼此知识相关性和重要性做出正确评价，进而显著提升从外部整合知识的潜力。可见，当项目不确定性程度提高时，资源共享活动不仅更利于项目接近外部不同领域专家知识，而且也促进了对外部多样化领域知识整合的动机与能力，从而对外部知识整合有更显著的正向作用。综上所述，本研究提出如下假设：

假设 6a：项目不确定性越高，KIBS 企业—顾客间共同组织对外部知识整合的负向效应越显著。

假设 6b：项目不确定性越高，KIBS 企业—顾客间共同决策对外部知识整合的正向效应越显著。

假设 6c：项目不确定性越高，KIBS 企业—顾客间资源共享对外部知识整合的正向效应越显著。

第四节 本章小结

本章在第三章探索性案例研究得出的关于 KIBS 企业—顾客互动对服务创新绩效作用机制的初步假设命题基础上，结合现有相关文献研究，进行了更为深入的分析，运用 KIBS 企业—顾客间共同组织、共同决策、资源共享、任务协作 4 个要素表征 KIBS 企业—顾客互动，并把知识整合提炼为内部知识整合和外部知识整合两大要素，深刻剖析了 KIBS 企业—顾客互动通过促进内外部知识整合，进而提升服务创新绩效的作用机制。并且，本书通过理论演绎的方式，引入过程互依性和项目不确定性这两个表征服务创新项目特征的变量，认为过程互依性对 KIBS 企业—顾客互动与内部知识整合关系起调节作用，而项目不确定性对 KIBS 企业—顾客互动与外部知识整合关系起调节作用。

通过推导论证，本章共梳理出 6 组理论假设。

第一组假设：KIBS 企业—顾客互动与服务创新绩效的关系。

假设 1a：KIBS 企业—顾客间共同组织对服务创新绩效有显著的正向影响。

假设 1b：KIBS 企业—顾客间共同决策对服务创新绩效有显著的正向影响。

假设 1c：KIBS 企业—顾客间资源共享对服务创新绩效有显著的正向影响。

假设 1d：KIBS 企业—顾客间任务协作对服务创新绩效有显著的正向影响。

第二组假设：KIBS 企业—顾客互动与内部知识整合的关系。

假设 2a：KIBS 企业—顾客间共同组织对内部知识整合有显著的正向影响。

假设 2b：KIBS 企业—顾客间共同决策对内部知识整合有显著的正向影响。

假设 2c：KIBS 企业—顾客间资源共享对内部知识整合有显著的正向影响。

假设 2d：KIBS 企业—顾客间任务协作对内部知识整合有显著的正向影响。

第三组假设：KIBS 企业—顾客互动与外部知识整合的关系。

假设 3a：KIBS 企业—顾客间共同组织对外部知识整合有显著的负向影响。

假设 3b：KIBS 企业—顾客间共同决策对外部知识整合有显著的正向影响。

假设 3c：KIBS 企业—顾客间资源共享对外部知识整合有显著的正向影响。

假设 3d：KIBS 企业—顾客间任务协作对外部知识整合有显著的正向影响。

第四组假设：知识整合与服务创新绩效的关系。

假设 4a：内部知识整合对服务创新绩效有显著的正向影响。

假设 4b：外部知识整合对服务创新绩效有显著的正向影响。

第五组假设：过程互依性对 KIBS 企业—顾客互动与内部知识整合关系调节。

假设 5a：过程互依性越高，KIBS 企业—顾客间共同组织对内部知识整合的正向效应越显著。

假设 5b：过程互依性越高，KIBS 企业—顾客间共同决策对内部知识整合的正向效应越显著。

假设 5c：过程互依性越高，KIBS 企业—顾客间资源共享对内部知识整合的正向效应越显著。

假设 5d：过程互依性越高，KIBS 企业—顾客间任务协作对内部知识整合的正向效应越显著。

第六组假设：项目不确定对 KIBS 企业—顾客互动与外部知识整合关系调节。

假设 6a：项目不确定性越高，KIBS 企业—顾客间共同组织对外部知识整合的负向效应越显著。

假设 6b：项目不确定性越高，KIBS 企业—顾客间共同决策对外部知识整合的正向效应越显著。

假设6c：项目不确定性越高，KIBS企业—顾客间资源共享对外部知识整合的正向效应越显著。

与本章提出的6组假设相对应，KIBS企业—顾客互动对服务创新绩效作用机制的概念模型如图4－1所示。知识整合在KIBS企业—顾客互动与服务创新绩效间起中介作用，即KIBS企业—顾客互动对服务创新绩效的影响是通过知识整合进而促进服务创新绩效的机制实现的，并且过程互依性和项目不确定性对KIBS企业—顾客互动与知识整合关系起到调节作用。

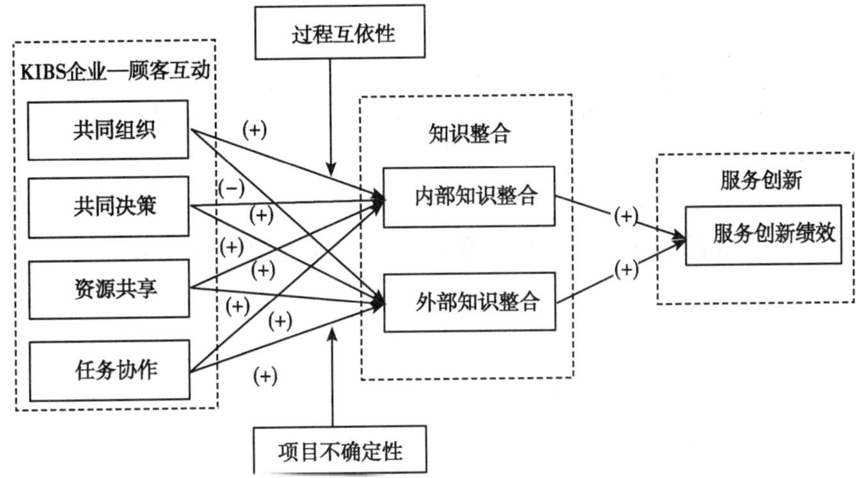

图4－1　KIBS企业—顾客互动对服务创新绩效作用机制的概念模型

第五章

KIBS 企业—顾客互动、知识整合与服务创新绩效关系实证

本书第四章提出了 KIBS 企业—顾客互动通过影响知识整合进而作用于服务创新绩效的概念模型，在模糊的感知之外，还须对模型进行精确的度量和实证的检验。于是，本章将针对 KIBS 企业—顾客互动、知识整合及服务创新绩效的关系假设进行验证，并对定量研究结果做深入讨论分析，而关于过程互依性和项目不确定性对 KIBS 企业—顾客互动与知识整合关系的调节效应实证将在下一章中进行。

第一节　待验证的研究假设

根据第四章的论述，本章待验证的研究假设如表 5－1 所示。

表 5－1 KIBS 企业—顾客互动、知识整合与服务创新绩效关系的研究假设

假设序号	假设具体描述
KIBS 企业—顾客互动与服务创新绩效的关系	
假设 1a	KIBS 企业—顾客间共同组织对服务创新绩效有显著的正向影响
假设 1b	KIBS 企业—顾客间共同决策对服务创新绩效有显著的正向影响
假设 1c	KIBS 企业—顾客间资源共享对服务创新绩效有显著的正向影响
假设 1d	KIBS 企业—顾客间任务协作对服务创新绩效有显著的正向影响
KIBS 企业—顾客互动与内部知识整合的关系	
假设 2a	KIBS 企业—顾客间共同组织对内部知识整合有显著的正向影响
假设 2b	KIBS 企业—顾客间共同决策对内部知识整合有显著的正向影响
假设 2c	KIBS 企业—顾客间资源共享对内部知识整合有显著的正向影响
假设 2d	KIBS 企业—顾客间任务协作对内部知识整合有显著的正向影响

续表

假设序号	假设具体描述
KIBS 企业—顾客互动与外部知识整合的关系	
假设 3a	KIBS 企业—顾客间共同组织对外部知识整合有显著的负向影响
假设 3b	KIBS 企业—顾客间共同决策对外部知识整合有显著的正向影响
假设 3c	KIBS 企业—顾客间资源共享对外部知识整合有显著的正向影响
假设 3d	KIBS 企业—顾客间任务协作对外部知识整合有显著的正向影响
知识整合与服务创新绩效的关系	
假设 4a	内部知识整合对服务创新绩效有显著的正向影响
假设 4b	外部知识整合对服务创新绩效有显著的正向影响

第二节　研究方法

科学的研究方法是保证研究质量的重要一环。本研究属于项目层面研究，由于 KIBS 企业很少在其内部资源中公开与顾客合作创新有关的具体效率与效果数据，而且服务创新中 KIBS 企业—顾客互动、知识整合等数据无法从公开资料中获得，因而本书采用针对项目的问卷调查方式进行数据收集。

为验证本研究概念模型中的研究假设，除问卷设计、数据收集外，选择合适的研究方法与研究程序对于研究结果的有效性来说也是非常重要的。考虑到 KIBS 企业—顾客互动与服务创新绩效关系的概念模型中所涉及变量具有主观性强、难以直接度量、度量误差大、因果关系比较复杂等特点，而结构方程建模作为一种综合运用多元回归分析、路径分析和确认型因子分析方法而形成的统计数据分析工具，可用来解释一个或多个自变量与一个或多个因变量之间的关系，具有以下优点：同时处理多个因变量；容许自变量和因变量含测量误差；同时估计因子结构和因子关系；容许更大弹性的测量模型；估计整个模型的拟合程度（波能，朗，1993）。因此，本书采用问卷调查法所获得数据，运用结构方程建模的方法（Structural Equation Modeling，SEM）检验变量间的作用路径。

一　问卷设计

合理的问卷设计是保证数据信度和效度的重要前提。参照邱吉尔

(1979) 及杜恩，斯科尔和沃勒 (1994) 的建议，本研究采取以下步骤开发测度量表：

(1) 通过文献回顾以及与企业界的经验调查与访谈形成问卷题项。在对顾客合作创新、知识整合、服务创新及技术创新等文献进行阅读分析的基础上，借鉴其中权威研究的理论构思以及被广泛引用的实证研究文献中的已有量表，本书对测度题项进行设计，形成了问卷初稿。

(2) 通过与学术界专家讨论对问卷题项进行修改。问卷初稿形成之后，笔者在所在科研团队中广泛征求了各位专家的意见。由于本学术团队的研究方向比较明确，大部分学者的研究领域都与创新管理和知识密集型服务创新相关，他们对问卷初稿中部分题项的设置提出了意见与建议，笔者根据这些建议对问卷的内容设置进行了局部调整。在题项的措辞上，本团队的很多博士生也提出了不少建议，减少了可能出现的表达不清和歧义。此外，笔者还与浙江工商大学、浙江万里学院的 3 位副教授交流，根据他们对问卷设计提出的一些宝贵建议，逐一进行完善。经过本轮调整，力争使本问卷的题项能够基本涵盖所研究的理论构面，形成第二稿问卷。

(3) 征求企业界人士意见。笔者与 6 位具有良好管理知识背景的知识密集型服务企业高级项目管理人员进行了深入交流，征求他们对本研究重要问题的意见。包括如何理解 KIBS 企业—顾客互动、知识整合等，并对题项的可理解程度、清晰程度征求了他们的意见。经过本轮的调整，力争使题项能够为大部分企业界人士清晰地理解，形成了第三稿问卷。

(4) 通过预测试对题项进行纯化，最终问卷定稿。将问卷发给 15 位曾主持过服务创新项目的经理级人员进行预测试，根据他们的反馈做初步检验分析，对问卷做进一步修改完善，在此基础上形成了调查问卷的最终稿（请参见附录 2）。

由于本书调查问卷大多数题项均采取李克特 7 级量表进行测度，答卷者的回答主要建立在主观评价之上，因而可能会影响问卷测度的客观性和准确性，导致数据结果出现偏差。针对弗勒 (1988) 所指出的造成答卷者对题项做出非准确性回答的四大主要原因，本书分别采取了以下应对措施，以尽量减少其对获取准确答案的负面影响：

(1) 为减少因答卷者无法回忆起所需答案的相关信息而带来的负面影响，本问卷题项所涉及的问题均是近三年内项目的情况，从而尽量避免由于答卷者记忆问题所引起的偏差。

(2) 为减少因答卷者不了解所需答案的相关信息而带来的负面影响，本研究选择了曾参与服务创新项目，并对该项目整体运作情况较为熟悉的高级项目经理或核心项目成员来填写问卷。

(3) 为减少因答卷者不能理解所提问题而带来的负面影响，本问卷在设计过程中广泛听取企业界与学术界专家意见，并对问卷进行预测试，对问卷的表述与措辞进行反复修改完善，以尽量排除题项难以理解或表达含混不清的情况发生。

(4) 为减少因答卷者虽知道某些问题答案却不愿回答而带来的负面影响，本问卷在卷首即向答卷者指明，本问卷纯属学术研究目的，内容不涉及企业商业机密，所获信息也不会用于任何商业目的，并承诺对答卷者提供的信息予以保密。

二 变量测度

本研究涉及的变量包括 KIBS 企业—顾客互动、内部知识整合、外部知识整合、服务创新项目绩效等。这些变量多难以量化测定，即使有些指标存在定量的答案，但考虑到由于这些数据可能会涉及调查对象的商业机密而得不到回答或得不到真实信息，所以本研究对变量的测度均采用 7 级 Likert 量表打分法处理。数字 1 至 7 依次表示从完全不同意（或不认可、低）向完全同意（或认可、高）过渡，4 为中性指标。为了使这些指标便于统计操作，本书基于大量文献对这些概念的界定及相关研究，并结合实地调研所获取的信息，设计了以下系列问题，旨在通过这些问题对各变量进行测度。

(一) 被解释变量

本书以服务创新绩效作为被解释变量（或称为结果变量）。服务创新绩效是服务创新及新服务开发等领域研究中经常涉及的重要变量，但鉴于服务创新过程与产出的复杂性和多样性，目前尚未形成关于服务创新项目绩效公认的测度体系，学者们运用不同指标对服务创新项目绩效进行了度量。

服务创新绩效一直被视为一个多维度的构念。库柏和科伦奇米特（1987）识别了创新绩效的财务绩效、机会窗口与市场影响三个维度，相应地许多学者根据这三个维度进一步发展具体的测度指标及量表，如鸿翥吉马（1996）使用12个指标进行测度，阿隆尼蒂斯，帕帕斯塔霍波洛和格纳瑞斯（2001）则使用了11个指标进行测度，最后区分为财务与非财务两类绩效指标。库柏等（1994）指出服务创新的评价体系应包括财务绩效、关系增强和市场发展。以上评价项目虽各不相同，但有个共同点那就是服务创新绩效的评价不应局限在财务这个单一维度上（库柏、布瑞坦尼，1991；布瑞坦尼，库柏，1992）。

基于上述研究度量方法，结合有关专家意见和本书研究内容，本研究使用4个题项、李克特7级量表打分法，以度量服务创新绩效，具体题项如表5-2所示。

表5-2 变量测度——服务创新绩效

测度题项	来源或依据
质量和性能达到或超过了顾客预期	Blindenbach-Driessen & Ende（2006）；鸿翥吉马（1996）；Avlonitis、Papastathopoulou & Gounaris（2001）；Cooper（1994）；Cooper & Kleinschmidt（1987）；魏江和胡胜蓉（2007）；王琳和魏江（2009b）
开发在预期时间内完成	
顾客对方案质量非常满意	
顾客对项目实施与合作非常满意	

（二）解释变量

①共同组织

KIBS企业—顾客间共同组织是KIBS企业—顾客互动结构维的一个重要方面，它指的是KIBS企业—顾客间就双方交换与合作活动而共同制定并遵循规则、政策与程序的程度。可见，共同组织集中体现了对关联双方行动与运作规则等方面进行共同考虑及安排的程度。

根据范德芬（1976）的观点，共同组织是对KIBS企业—顾客间发起集体实践活动的一种结构化安排，对其界定最好是根据KIBS企业—顾客在组织协作与控制上的安排来考虑，如正式或非正式的规则为期望的行为或产出提供了标准，或者说，规则对那些可接受或不可接受的行为和产出提供了明晰的界定，于是这类研究通常采用计算规则和流程等文件的数量来测度。然而，另外一类研究认为，共同组织中规则的作用在于规则能够做什么，而不是规则本身的数量（沃尔什，德瓦，1987），于是，有必要在其定义中增加规则被遵守的内涵，相应地，需要测度“规则被遵守的程度”，如“我们会在任何时候遵守严格的运作程序”（霍尔，1972）。波迪维斯（2002）则明晰地将组织中规则界定为标准或流程被用于控制社会行动者的行为与产出的程度。

基于上述研究的度量方法，结合有关专家意见和本书的研究内容，本书中对共同组织的测度将关注于 KIBS 企业—顾客共同制定并共同遵守规则与流程以指导创新中具体开发活动的程度。本研究使用 3 个题项、李克特 7 级量表打分法，以此度量共同组织，具体题项如表 5 – 3 所示。

表 5 – 3　　变量测度——共同组织

测度题项	来源或依据
为指导项目开发，我们与顾客建立起相关规则和程序	范德芬（1976）；沃尔什 & 杜瓦（1987）；利文斯 & 蒙纳尔特（2000）
为应对常出现问题，我们与顾客建立起相关规则和程序	
为推进项目开发，我们与顾客共同遵守相关规则和程序	

② 共同决策

KIBS 企业—顾客间共同决策指 KIBS 企业与顾客作为集体行动系统中的主体，在创新过程中通过民主协商的方式解决不同意见和观点的程度。当前对决策的界定与测量主要是针对一个组织内部的授权分析上，如参与式决策，强调高层授权员工参与到制定决策过程中的程度。然而，跨组织联系中的决策不同于组织内决策，因为它考察的是在没有层级权威情景下的自主单元的社会行为，于是，克拉克（1965）建议组织间决策首先要回答的问题是“谁在什么时间、什么地点进行治理，并产生什么效果”，而诺西（1957）提出的是“谁决定了什么事情”。进一步地，范德芬（1976）指出，由沃伦等（1971）提出的协同决策（concerted decision）概念很适用于考察一个组织间联系中的决策轨迹，在此概念基础上，范德芬（1976）提出组织间联系中的决策指的是成员企业参与决策并共同制定决策的程度，这类决策通常由成员企业形成的委员会或代表成员企业的个体来共同制定。

基于上述研究，结合有关专家意见和本书的研究内容，本书对共同决策将依据范德芬（1976）对协同决策（concerted decision）的概念界定设计测量量表。本研究使用 3 个题项、李克特 7 级量表打分法，以此度量共同决策，具体题项如表 5 – 4 所示。

表 5-4　　变量测度——共同决策

测度题项	来源或依据
重要问题由我们与顾客双方派出核心成员共同商讨	Clark（1965）；Rossi（1957）；范德芬（1976）；Warren 等（1971）Bstieler（2006）；Campbell & Cooper（1999）
有固定的流程和机制来帮助我们和顾客达成一致	
遇到双方观点有分歧时，我们与顾客会协商解决	

③ 资源共享

KIBS 企业—顾客间资源共享是指 KIBS 企业与顾客在信息、技术甚至社会资本等资源方面进行的共享活动，它体现了创新过程中双方可以接触并调用对方资源的程度。

因为顾客是创新中信息和知识的主要来源之一，当前的企业—顾客互动研究对所分享资源类型主要关注顾客在创新中所提供的信息，如芳（2008）运用李克特 7 级量表使用四个题项对顾客在创新过程中所提供的各类信息项目进行了测量。然而，根据加卢奇（2001）所提出的服务创新运用的一般模式，KIBS 企业与顾客共同分享的内容除了蕴含在人员个体或文本上的信息资源外，还有双方为创新所投入的技术与能力。在前文探索性案例研究中，我们还发现必要时双方会提供社会资源以协助对方开发活动。

基于上述研究成果，结合企业实地调研和专家意见，本书主要使用 3 个题项、李克特 7 级量表打分法来度量资源共享，具体测度题项如表 5-5 所示。

表 5-5　　变量测度——资源共享

测度题项	来源或依据
项目开发中我们与顾客经常交流彼此掌握的技术	Fang（2008）；Gallouj（2001）；Gruner & Homburg（2000）；王琳和魏江（2009）；魏江和胡胜蓉（2007）
项目开发中我们与顾客经常交流彼此掌握的信息	
必要时我们与顾客会为对方联系和提供外部社会资源	

④ 任务协作

KIBS 企业—顾客间任务协作指的是创新具体环节中 KIBS 企业与顾客分别承担起相关的工作与职责并相互帮助以解决问题与渡过难关的过程，它表征了双方为实现创新所做出的适应性调整。现有研究中对于企业—顾客互动中协作开发行为的测量多借鉴顾客参与的研究，如测量顾客承担的特定活动与任务（客观）、顾客参与的水平与程度（主观）、顾客承担的角色等。这些量表通常测量的是企业或顾客方的单方行为，而未考察企业—顾客双向的行为协作与联系，一定程度上影响了量表的可借鉴性；但从另一个角度看，这种单向考察的具体方面对于我们从企业—顾客整体层面来分析协作行为指明了关注方向。

阿，贝尔，麦克劳德和思特（2007）视顾客为积极的参与者（伦尼克. 霍尔，1996），运用李克特 7 级量表测度了顾客的合作行为，共使用了三个题项："我尽力的与我的顾问合作"，"我会为了使我的顾问更容易开展工作付出努力"，"我会在接触顾问前准备好我的问题"。林和吉尔曼（2004）对顾客参与程度使用李克特 7 级量表进行测度，共使用了三个题项："与顾客共同设计产品"、"从顾客处获得了产于产品质量水平的信息"、"从顾客处获得了他们如何使用产品的信息"。

还有研究从分析顾客参与重要性程度来测度，如芳（2008）运用李克特 7 级量表测度了顾客作为合作开发者（customer participation as co-developer）参与服务创新的重要性程度，共使用了三个题项："开发过程中顾客的开发努力对于完成开发任务至关重要"、"开发过程中顾客的工作是整体开发努力的重要组成部分"、"顾客以合作开发者身份的卷入非常重要"。

也有一些研究不再局限于单向考察，而是从整体层面分析企业—顾客互动行为。如福斯等（2011）对于创新活动中企业与顾客的合作行为方面，运用李克特 7 级量表测度了两个题项："创新活动中我们与顾客在开发中紧密合作程度"，"创新活动中我们与顾客频繁沟通的程度"。国内学者王琳和魏江（2009）借鉴了格鲁纳和洪堡（2000）对服务创新过程中顾客互动测量思路与量表，共运用 4 个题项来测量企业—顾客互动程度：①我们与顾客合作的时间较长；②我们与顾客沟通的频率较高；③我们认知到与顾客互动的强度较高；④较多顾客企业人员参与新服务开发过程。

基于上述研究成果，结合企业实地调研和专家意见，本书主要使用 4 个题项、李克特 7 级量表打分法来度量任务协作，具体测度题项如表 5 - 6 所示。

表 5-6　　变量测度——任务协作

测度题项	来源或依据
我们与顾客会竭力贡献自己的行动去更有效地推进项目	Auh 等（2007）；Lin，Germain（2004）；Fang（2008）；格勒尔 & 洪堡（2000）；福斯，拉森 & Pedersen（2011）；王琳和魏江（2009）
我们与顾客会尽力帮助和支持对方的工作	
顾客的工作是整个开发努力中的重要部分	
我们与顾客各自承担起对项目任务完成的相关责任	

（三）中介变量

本书研究模型的中介变量为内部知识整合和外部知识整合。

克拉克和伊思希提（1994）将知识整合区分为内部整合（internal integration）和外部整合（external integration）。内部知识整合是指将个人持有的知识合成和应用到系统知识中，外部整合是指从外部吸收知识并与内部可用的知识相结合（阿拉维等，2002；蒂瓦纳等，2003，2005）。

梅塔（2006）针对 9 家大型软件服务公司的 300 位项目负责人运用李克特 7 级量表分别测度了软件开发团队的内部知识整合与外部知识整合。其中，测度内部知识整合的题项是："团队成员整合他们的个人专长一块解决与项目有关的问题"、"团队成员整合他们的个人观点去开发一个共享的项目概念"、"团队成员经常通过共享观点获得新的洞察"、"团队成员通过彼此共享知识提高他们的任务效率"；测度外部知识整合的题项是："如果团队内没有所需的知识，成员会从外部资源获得知识"、"团队成员经常从其他项目里再次使用编码"、"团队成员会利用外部资源提升他们的知识"。

蒂瓦纳（2001）对 35 个临时的、各学科间的电子商务团队的知识整合进行测量的李克特 7 级量表包括 4 项条款："团队成员能够清楚地理解如何将项目的不同零散知识整合在一起"、"团队成员完全能将新的项目有关的知识与他们已经知道的整合在一起"、"团队成员能跨越几个专长领域发展共享的项目概念"、"团队成员在项目层次合成和整合他们的项目专长"。

类似地，针对联盟伙伴企业间的产品开发问题，蒂瓦纳（2008）视知识整合为通过将联盟成员间的专业知识应用于项目特定活动以实现价值创造的过程，并使用李克特 7 级量表测度三个题项："团队成员熟练地将新的项目相关知识与已有知识混合"、"团队成员跨越几个不同专家领域开发共享的项目概念"、"团队成员在项目层面综合与整合个体专家知识”。

基于上述研究成果，结合项目实地调研和专家意见，本书主要借鉴蒂瓦纳（2008）和梅塔（2006）的研究，分别采用3个题项、李克特7级量表打分法来测度内部知识整合和外部知识整合，具体测度题项如表5－7所示。

表5－7　　　　变量测度——内部知识整合与外部知识整合

变量	测度题项	来源或依据
内部知识整合	项目成员能熟练地将新的项目相关知识与他们已知道的整合在一起	Tiwana（2001）；Mehta（2006）；Clark & 伊思希提（1994）；Tiwana（2008）；Alavi 等（2002）
	项目成员能跨越几个不同专家领域开发共享的项目概念	
	项目成员能在项目层面综合他们的个体经验与专家知识	
外部知识整合	如果项目组内部没有所需知识，项目成员会从外部资源中获得知识	
	项目成员经常从其他项目中获取可利用知识	
	项目成员会利用外部资源提升他们的知识	

（四）控制变量

正如许多国内外相关研究所指出的，服务创新是一个多因素共同作用的结果，除 KIBS 企业—顾客互动各要素变量外，还有一些外部变量可能对知识整合与服务创新绩效产生较为显著的影响，本研究需要对这些变量进行控制，它们分别是项目类型和项目周期。

项目类型是影响创新行为和决策的重要属性，根据魏江和胡胜蓉（2007）的研究，KIBS 企业主要来自四个行业，即商务服务业、信息与通信服务业、科技服务业、金融业。相应地，服务项目类型区别为基于技术的服务和传统型服务（迈尔斯等，1993）。项目类型不同，对顾客参与创新过程的需求、顾客对创新的期望都有所不同，因而，项目类型可能对于服务创新绩效具有较大影响，所以本研究将项目类型作为控制变量。本研究将项目类型设置为虚拟变量，将技术型服务创新项目赋值为1；将传统型服务创新项目赋值为0。

项目周期也可能是影响项目知识整合与创新绩效的重要因素，项目时间较长的团队给予双方成员较多的交流和互动机会，更有助于其进行知识整合与服务创新。在本研究中，项目周期为从项目立项至项目结束所经历的时间。

三　数据收集

根据弗勒（2004）的观点，使调查有实用价值的一大进步是人们知道了如何抽样——从总体中选择一小部分代表整个总体。为检验假设，本研究选择了商务服务业、科技服务业、通信服务业及金融业作为KIBS企业的采样空间。进一步地，由于本研究立足于项目层面的调查，要求被调查的创新项目同时具备以下条件：①该服务是为特定顾客组织而不是普通大众消费者提供的；②该服务项目开发表现出较高的定制化特征，顾客积极参与其中，KIBS企业与顾客在开发过程中应该有沟通和互动；③被调查项目应该已经完成，因为本研究需要用项目创新绩效作为因变量，而对尚在进行中的服务项目的最终绩效难以估计，即使进行估计也容易出现较大偏差。

对于问卷发放对象，李怀祖（2004）认为在进行问卷调查时应该事先估计答卷者是否能够并愿意提供所预期的信息。因此，本研究除了在问卷设计时不断优化问题表述方式，在进行调查的时候，为了确定答卷者有足够的概念和知识来填答问卷，本研究选择的答卷者都是项目经理或项目核心成员。在渠道选取方面，为了提高数据的可靠性和代表性，本问卷通过笔者直接走访以及委托企业研究机构、培训机构和朋友个人等多种方式发放与回收问卷。

本次问卷共发放478份，回收问卷389份，其中有效问卷338份（如表5－8）。其中笔者向企业直接发放问卷55份，回收有效问卷48份，有效率最高，达83.6%；委托研究机构发放问卷121份，回收有效问卷105份，有效率为73.5%；委托培训机构发放问卷120份，回收有效问卷78份，有效率为54.1%；委托朋友发放问卷182份，回收有效问卷138份，有效率为75.8%。总体看，本次问卷有效回收率较高（70.7%），因此可以忽略本次问卷回收的未答复偏差。

表5－8　　问卷发放与回收情况

问卷发放与回收方式	发放数量	回收数量	回收率	有效数量	有效率
笔者直接走访	55	48	87.2%	46	83.6%
委托企业研究机构	121	105	86.7%	89	73.5%
委托培训机构	120	78	65.0%	65	54.1%
委托朋友个人	182	158	86.8%	138	75.8%
合计	478	389	81.3%	338	70.7%

注：回收率＝问卷回收数量/问卷发放数量；有效率＝问卷有效数量/问卷发放数量。

根据答卷者提供的企业背景资料、项目背景资料等信息，笔者对回收的338份有效问卷进行描述性统计分析，以了解样本的基本结构（如表5－9）。需要指出的是，本研究的研究对象是服务创新项目，问卷中涉及到提供服务项目的KIBS企业基本资料，且所调查服务项目全部是针对机构单位所开发。

从回收的338份有效问卷来看，样本项目的行业分布涵盖了KIBS企业所处的四大行业，即商业服务业（咨询与调查、会计服务、法律咨询、广告创意等）、信息与通信服务业（通信及增值服务、计算机及软件服务等）、科技服务业（R&D服务、专业技术服务、工程技术、科技交流服务等）和金融业（银行业、保险业、证券业等），整个分布较为平均，仅信息与通信服务业略高一些；从样本项目的类型来看，技术型服务项目居多，占了62.1%，传统型服务项目则偏少些，占了37.9%，从样本项目开发周期看，对不同周期均有涵盖，其中1年至2年项目较为普遍，占了35.5%。

表5－9　样本项目基本特征的分布情况统计

指标	类别	样本数	百分比（%）	百分比（%）
样本项目行业分布	商务服务业	74	21.8	16.2
	信息与通信服务业	95	28.1	49.9
	科技服务业	80	23.7	73.6
	金融业	89	26.4	100
样本项目类型	技术型服务项目	210	62.1	62.1
	传统型服务项目	128	37.9	100
样本项目周期	半年以内	50	14.8	14.8
	半年—1年	89	26.3	41.1
	1—2年	120	35.5	76.6
	2年以上	79	23.4	100

四　分析方法

为了验证本研究概念模型中的研究假设，除问卷设计、数据收集之外，选择合适的研究方法与研究程序对于研究结果的有效性来说也是非常重要的。考虑到对知识整合的中介效应进行实证时，变量之间的因果关系较为复杂，因此，本书将运用结构方程建模的方法（Structural Equation Modeling，SEM）检验变量间的作用路径。

在具体的研究方法上，本研究对于回收的问卷数据，将进行描述性统计、信度与效度检验、相关分析、结构方程等统计分析工作。本研究所使用的分析软件为SPSS（Statistics Package for Social Science）16.0版和Amos（Analysis of Moment Structure）7.0版。具体分析方法如下：

（一）信度和效度分析

在进行假设检验之前，应对测量结果进行信度和效度分析。只有具备足够的效度和信度的测度量表才可以被采用。

信度（reliability）是指衡量效果的一致性和稳定性（贾怀勤，2006），信度高意味着排除随机误差的能力强。常用的信度指标有稳定性（stability）、等值性（equivalance）和内部一致性（internal consistency）（李怀祖，2004）。本研究主要检验样本数据的内部一致性，具体利用Cronbach'α值来衡量，将针对每个变量所对应的问卷题项，计算Cronbach'α值来评价信度。

效度（validity）是指测量工具对调查对象属性的差异进行测量时的准确程度，即测量工具是否能真实、客观及准确地反映属性的差异性（贾怀勤，2006），效度高意味着排除系统误差的能力强。效度可分为内容效度（content validity）、构思效度（construct validity）和准则相关效度（criteria-related validity）三类。本研究中的各测量题项都是直接测量，在同一时期内很难找到其他标准资料作辅助，无法进行准则相关效度的分析，因此仅讨论内容效度和构思效度。内容效度旨在检测衡量内容的适切性，本研究参考了学术界经典实证研究文献中的问卷设计，并结合实地调研与专家意见加以修订，故认为具有较高的内容效度。构思效度指测量出理论的概念和特征的程度。因子分析（factor analysis）是检验构思效度的常用方法，可以很好地检验研究所涉及变量是否有一套正确的、可操作性的测度（吴明隆，2003），本书拟用因子分析来检验构思效度。

（二）结构方程建模

在信度与效度检验之后，本研究将在第四章提出的KIBS企业—顾客互动对服务创新绩效作用机制的概念模型基础上，运用结构方程模型法来检验结构模型与样本数据的拟合情况，分析找出模型中拟合欠佳的部分，并作出修正，最终产生一个最佳模型，所采用的分析软件为AMOS7.0。

结构方程模型的应用可分为 4 步骤：模型设定（model specification）、模型拟合（model fitting）、模型评价（model assessment）及模型修正（model modification）（侯杰泰等，2004）。其分析的核心是模型的拟合性，即研究者所提出变量间的关联模式，是否与实际数据拟合以及拟合程度如何，从而对研究者的理论研究模型进行验证。与验证性因子分析中的拟合指标选取相同，本研究将应用 χ^2/df、RMSEA、TLI 和 CFI 4 类指标作为评价结构模型的拟合指数。

第三节 信度效度检验

一 KIBS 企业—顾客互动

在本书中，采用因子分析法对多指标项的潜变量进行效度检测。在对共同组织、共同决策、资源共享、任务协作进行因子提取之前，先进行样本充分性检验，即样本充分性 KMO（Kaiser Meyer Olykin）测试系数检测和巴特莱特球体检验（Bartlett Test of Sphericity），判断是否可以进行因子分析。一般认为，KMO 在 0.9 以上，非常适合；0.8—0.9，很适合；0.7—0.8，适合；0.6—0.7 很勉强；0.5—0.6，不太适合；0.5 以下，不适合；巴特莱特球体检验的统计值显著异于 0，可以作因子分析（马庆国，2002）。

按照上述分析步骤，对共同组织、共同决策、资源共享、任务协作分别进行效度检测，其中，KMO 大于 0.70，Bartlett 显著性概率均为 0.000，检验结果均符合要求。进而，在此基础上，采用主成分分析法提取因子，并按照极大方差法进行因子旋转，将特征值大于 1 作为因子提取标准。当指标项的因子荷载值都大于 0.5，而且累积解释方差的比例大于 50%，说明该多指标项的潜变量符合结构效度的要求。

本研究针对这 338 份样本对所构建的 13 个相关题项进行因子分析。如表 5-10 所示，根据特征根大于 1，最大因子载荷大于 0.5 的要求，提取出了 4 个因子，累积解释变差为 71.91%。观察各题项在因子上的载荷，我们发现大部分题项因子分析结果与理论假设相符，然而“我们与顾客各自承担起对项目任务完成的相关责任”并未落入理论假设任务协作因子上，而是落在了资源共享因子上，说明该题项测度信息不够准确，因而此题项从量表中删除。

对剔除题项后 KIBS 企业—顾客互动的 12 个题项再次进行因子分析，结果如表 5－11 所示，因子分析提取出 4 个因子，累积解释变差 73.59%，各题项均按照预期分布于 4 个因子，且因子载荷在 4 个因子间均具有较好的区分度。可见，修正后的 KIBS 企业—顾客互动效度良好。

表 5－10　　　　KIBS 企业—顾客互动因子分析结果（一）

题项（简写）	描述性统计分析		因子载荷			
	均值	标准差	1	2	3	4
共同组织 1	5.88	1.253	0.746	0.023	0.018	0.020
共同组织 2	5.91	1.227	0.703	0.203	－0.038	－0.070
共同组织 3	6.08	1.249	0.797	0.022	0.052	0.044
资源共享 1	5.33	1.435	0.044	0.771	0.098	－0.073
资源共享 2	5.61	1.389	－0.113	0.690	－0.072	0.047
资源共享 3	5.06	1.582	0.356	0.656	0.021	0.095
任务协作 4	6.09	1.090	0.291	0.473	0.028	0.104
任务协作 1	4.74	2.091	－0.018	－0.122	0.738	－0.066
任务协作 2	2.86	1.769	－0.008	0.081	0.744	0.004
任务协作 3	3.73	2.043	0.065	0.085	0.740	－0.013
共同决策 1	2.66	1.181	0.102	－0.057	－0.109	0.799
共同决策 2	2.68	1.107	－0.029	0.055	－0.025	0.713
共同决策 3	2.95	1.102	－0.038	0.098	0.054	0.743

注：KMO 值为 0.727，Bartlett 统计值显著异于 0（$p<0.001$），3 个因子的累积解释变差为 71.91%。

表 5－11　　　　KIBS 企业—顾客互动因子分析结果（二）

题项（简写）	描述性统计分析		因子载荷			
	均值	标准差	1	2	3	4
共同组织 1	5.88	1.253	0.753	0.018	0.013	0.026
共同组织 2	5.91	1.227	0.722	－0.037	0.200	－0.060
共同组织 3	6.08	1.249	0.796	0.054	－0.040	0.044
任务协作 1	5.06	1.582	－0.026	0.737	－0.125	－0.069
任务协作 2	5.33	1.435	－0.003	0.745	0.082	0.007
任务协作 3	5.61	1.389	0.068	0.740	0.073	－0.013

续表

题项（简写）	描述性统计分析		因子载荷			
	均值	标准差	1	2	3	4
资源共享 1	6.09	1.090	0.092	0.102	0.792	-0.052
资源共享 2	2.86	1.769	-0.068	-0.069	0.703	0.066
资源共享 3	3.73	2.043	0.392	0.025	0.743	0.111
共同决策 1	2.66	1.181	0.093	-0.107	-0.119	0.794
共同决策 2	2.68	1.107	-0.025	-0.025	0.055	0.716
共同决策 3	2.95	1.102	-0.028	0.053	0.134	0.750

注：KMO 值为 0.748，Bartlett 统计值显著异于 0（$p < 0.001$），三个因子的累积解释变差为 73.59%。

接下来，本书对 KIBS 企业—顾客互动各因子进行信度分析，结果如表 5-12 所示。可见，所有的题项—总体相关系数均大于 0.35，同时各变量的 Cronbach's α 系数均大于 0.7。可见，KIBS 企业—顾客互动各变量的题项之间具有较好的内部一致性。综上所述，本研究所确立的量表具有较好的效度和信度。

表 5-12　　　KIBS 企业—顾客互动特征变量的信度检验

变量	题项（简写）	题项—总体相关系数	删除此题目后 α 值	Cronbach's α 系数
共同组织	共同组织 1	0.767	0.875	0.882
	共同组织 2	0.683	0.839	
	共同组织 3	0.648	0.828	
共同决策	共同决策 1	0.669	0.754	0.802
	共同决策 2	0.604	0.796	
	共同决策 3	0.560	0.786	
资源共享	资源共享 1	0.679	0.833	0.867
	资源共享 2	0.609	0.809	
	资源共享 3	0.829	0.853	
任务协作	任务协作 1	0.651	0.860	0.891
	任务协作 2	0.706	0.877	
	任务协作 3	0.708	0.849	

二 知识整合

知识整合的KMO样本测度和Bartlett球体检验结果符合KMO值大于0.7、Bartlett统计值显著异于0的要求，故适合进一步做因子分析。进而，本研究针对这338份样本对所构建的6个知识整合相关题项进行因子分析（见表5－13），根据特征根大于1，最大因子载荷大于0.5的要求，提取出了两个因子，累积解释变差为75.31%。

接下来，本书对知识整合各因子进行信度分析，以检验通过了因子分析的各题项之间的内部一致性。结果如表5－14所示，所有的题项—总体相关系数均大于0.35，同时各变量的Cronbach's α系数均大于0.7。因此，知识整合各变量的题项之间具有较好的内部一致性。综上所述，本研究所确立的知识整合量表具有较好的效度和信度。

表5－13　　知识整合的因子分析结果

题项（简写）	描述性统计分析		因子载荷	
	均值	标准差	内部知识整合	外部知识整合
内部知识整合1	5.77	1.116	0.756	－0.089
内部知识整合2	5.92	1.086	0.670	0.101
内部知识整合3	5.85	1.085	0.715	0.265
外部知识整合1	5.69	1.145	0.160	0.730
外部知识整合2	5.34	1.561	0.164	0.653
外部知识整合3	4.84	1.822	－0.073	0.619

注：KMO值为0.767，Bartlett统计值显著异于0（$p<0.001$），两个因子的累积解释变差为75.31%。

表5－14　　知识整合变量的信度检验结果

变量	题项（简写）	题项—总体相关系数	删除此题目后α值	Cronbach's α系数
内部知识整合	内部知识整合1	0.614	0.757	0.892
	内部知识整合2	0.758	0.887	
	内部知识整合3	0.659	0.792	
外部知识整合	外部知识整合1	0.812	0.821	0.890
	外部知识整合2	0.801	0.830	
	外部知识整合3	0.750	0.876	

三 服务创新绩效

服务创新绩效的 KMO 样本测度和 Bartlett 球体检验结果为：KMO 值为 0.783，且 Bartlett 统计值显著异于 0，因此适合进一步做因子分析。进而，本研究针对这 338 份样本对所构建的 4 个服务创新绩效相关题项进行因子分析。如表 5－15 所示，各题项按照预期归为一个因子，累积解释变差为 75.75%，且大部分因子的载荷均在 0.70 以上。可见，服务创新绩效的效度较好。

接下来，对服务创新绩效进行信度检验，结果如表 5－16 所示，所有的题项—总体相关系数均大于 0.35，同时变量的 Cronbach's α 系数均大于 0.7。因此，服务创新绩效的题项之间具有较好的内部一致性。综上所述，本研究所确立的服务创新绩效量表具有较好的效度和信度。

表 5－15　　服务创新绩效的探索性因子分析结果

题项（简写）	描述性统计分析		因子载荷
	标准差	均值	服务创新绩效
服务创新绩效 1	1.007	5.85	0.763
服务创新绩效 2	1.014	5.72	0.734
服务创新绩效 3	0.907	5.78	0.718
服务创新绩效 4	1.010	5.73	0.701

注：KMO 值为 0.783，Bartlett 统计值显著异于 0（$p < 0.001$），两个因子的累积解释变差为 75.75%。

表 5－16　　服务创新绩效变量的信度检验结果

变量	题项（简写）	题项—总体相关系数	删除此题目后 α 值	Cronbach's α 系数
服务创新绩效	服务创新绩效 1	0.739	0.802	0.891
	服务创新绩效 2	0.841	0.886	
	服务创新绩效 3	0.789	0.834	
	服务创新绩效 4	0.837	0.854	

第四节 结构方程模型检验

通过因子分析，说明本书所构建的测量模型具有较好的表征效果，可以用来进行更进一步的结构分析。下面，本书将运用结构方程建模的方法打开 KIBS 企业—顾客互动对服务创新绩效作用机制的黑箱，对第四章所提出的概念模型的主效应和中介效应研究假设进行验证。

一 初步数据分析

在对结构模型进行数据分析之前，需要对数据的合理性和有效性进行检验。一般认为，样本容量在 100—150，才适合使用极大似然法（ML）对结构模型进行估计（丁等，1995）。本研究的样本数量为 338 份，已达到最低样本容量要求。同时，使用极大似然法进行结构方程模型估计，要求所使用的数据服从正态分布。一般地，样本数据满足中值与中位数相近，偏度（skew）小于 2，同时峰度（kurtosis）小于 5 的条件时，即可认为其服从正态分布（Ghiselli 等，1981）。使用 SPSS16. 0 对样本数据的偏度和峰度分析表明，本研究各题项的样本数据均符合正态分布要求。另外，第二节已经对本研究样本数据的信度和效度进行了检验。因此，本研究样本数据的容量、分布状态以及效度与信度均达到结构方程建模的要求。此外，在构建结构方程模型前，还需对结构方程涉及的所有变量进行简单相关分析。如表 5 - 17 所示，KIBS 企业—顾客间共同组织、共同决策、资源共享、任务协作与内部知识整合、外部知识整合以及服务创新绩效之间均有显著的相关关系。

表 5 - 17　描述性统计分析及各变量间相关关系

变量	均值	标准差	1	2	3	4	5	6
1. 共同组织	5. 954	0. 960						
2. 共同决策	2. 762	0. 781	0. 033					
3. 资源共享	5. 332	1. 044	0. 230（* *）	0. 080				
4. 任务协作	3. 776	1. 465	0. 038	-0. 071	0. 049			
5. 内部知识整合	5. 8471	0. 7939	0. 291（* *）	0. 110（*）	0. 339（* *）	0. 183（* *）		
6. 外部知识整合	5. 2909	1. 0283	-0. 186（* *）	0. 182（*）	0. 272（* *）	0. 010	0. 042	
7. 创新绩效	5. 770	0. 666	0. 342（* *）	0. 138（*）	0. 330（* *）	0. 0118（*）	0. 440（* *）	0. 363（* *）

注：* * 表示显著性水平 $p<0.01$（双尾检验），* 表示显著性水平 $p<0.05$（双尾检验）。

二　初始模型构建

结构方程一般可分为三类分析：纯粹验证、选择模型和产生模型（侯杰泰等，2004）。其中产生模型分析指事先建构一个或多个基本模型，检查这些模型是否拟合数据，基于理论或样本数据分析，针对模型中拟合欠佳的部分进行调整并修正，并通过同一数据或其他样本数据检查修正模型的拟合程度，其分析目的在于通过不断调整与修正进而产生一个最佳模型。

本研究属于产生模型分析，即通过基于第四章提出的理论概念模型和研究假设构建初始结构模型，然后通过理论及数据分析对其进行修正，从而产生一个既符合理论推导又符合实践情况的最佳模型。

基于图 4－1 所构建的 KIBS 企业—顾客互动对服务创新绩效作用机制概念模型，本研究设置了初始结构方程模型（见图 5－1）。

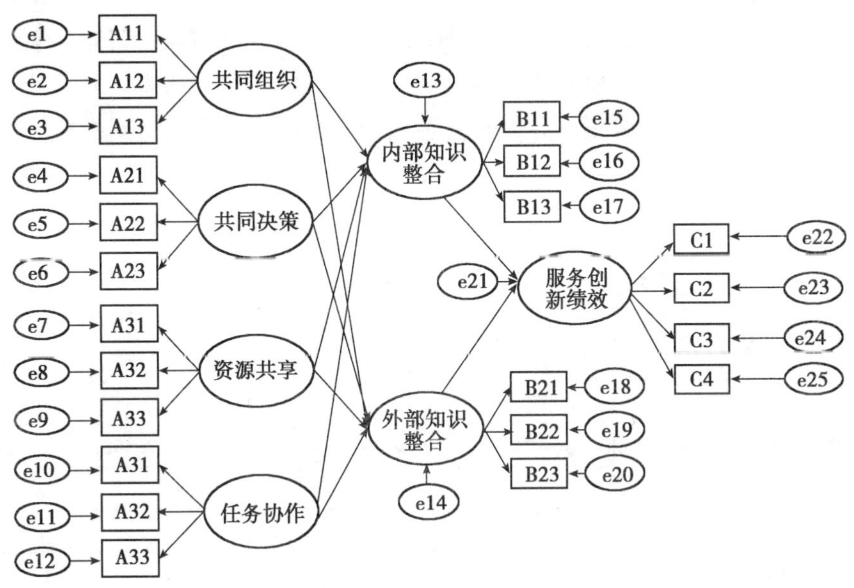

图 5－1　基于概念模型的初始结构方程

该模型通过 12 个外生显变量（共同组织 1、共同组织 2、共同组织 3、共同决策 1、共同决策 2、共同决策 3、资源共享 1、资源共享 2、资源共享 3、任务协作 1、任务协作 2、任务协作 3）来对 4 个外生潜变量（共同组织、共同决策、资源共享、任务协作）进行测量。此外，模型有 2 个外生显变量（内部知识整合、外部知识整合）和1个内生潜变量（服务创新绩效）。接下来，本研究将对模型中设定的关于KIBS企业—顾客互动通过知识整合对服务创新绩效产生影响的10条初始假设影响路径进行验证。

三 模型初步拟合

利用AMOS软件对初始结构方程模型进行分析运算，拟合结果如表5-18所示。初始结构模型的χ^2值为337.134（自由度df = 220），χ^2/df值为1.532；RMSEA的值为0.040，小于0.05，CFI和TLI分别为0.877、0.858，都小于0.9。除绝对拟合指标中的χ^2/df、RMSEA在可接受范围内之外，其他拟合指标（CFI和TLI）均不在拟合接受范围内，说明初始的结构模型没有通过检验。正如Hatcher（1994）所指出的，很少有模型只经过一次运算就能够拟合成功，这对于产生模型的分析更为常见，其原因可能是所构建的概念模型本身的确存在一些问题，也可能是因为通过调查问卷所获得的数据所造成的偏差。因此针对以上初始模型的拟合结果不合格的情况以及部分不能通过路径系统检验的结果，有必要对初始模型进行微调与修正，并检测其各项拟合指标是否可以达到标准。

表5-18　　初始结构模型的拟合结果

路径			非标准路径系数	标准化路径系数	C. R.	P
内部知识整合	<—	共同组织	0.332	0.423	4.236	* * *
内部知识整合	<—	共同决策	0.288	0.238	2.164	0.030
外部知识整合	<—	任务协作	-0.015	-0.034	-0.367	0.714
外部知识整合	<—	共同组织	-0.192	-0.259	-2.361	0.018
外部知识整合	<—	共同决策	0.216	0.214	0.231	0.016
内部知识整合	<—	资源共享	0.321	0.332	4.219	* * *
内部知识整合	<—	任务协作	0.105	0.220	2.439	0.015
外部知识整合	<—	资源共享	0.338	0.384	3.178	0.001
服务创新绩效	<—	内部知识整合	0.515	0.580	4.256	* * *
服务创新绩效	<—	外部知识整合	0.406	0.432	2.807	0.005
χ^2 df χ^2/df		337.134 220 1.532	RMSEA TLI	0.040 0.858	CFI	0.877

注：* * *表示显著性水平 p<0.001。

四 模型修正与确定

初始模型未拟合成功是产生模型分析中的常见现象，可以通过对模型的修正来获得更满意的拟合结果。AMOS 软件可以计算修正指数 MI（Modification Indices），它能提供使 χ^2 拟合指数减少的有用信息。常用的模型修正方法是去掉最大修正指数的路径，然后再通过观察拟合指数评价新模型的拟合情况。

根据表 5－18 的初始结构方程拟合结果可见，“外部知识整合 <—任务协作”的路径的 C. R. 值明显低于 1.96，而且该路径的标准化回归系数为－0.034（p 不显著)，可以考虑将该路径删除。于是，根据最大修正指数对模型进行调整与修正，删除一些路径不显著的路径。删除的路径是：外部知识整合 <—任务协作，最终模型拟合结果如表 5－19 所示。

表 5－19 最终结构模型的拟合结果

路径			非标准路径系数	标准化路径系数	C. R.	P
内部知识整合	<—	共同组织	0.280	0.422	2.626	0.009
内部知识整合	<—	共同决策	0.226	0.237	2.139	0.032
外部知识整合	<—	共同组织	－0.102	－0.258	－2.861	0.023
外部知识整合	<	共同决策	0.211	0.245	0.2.564	0.010
内部知识整合	<—	资源共享	0.318	0.332	3.867	***
内部知识整合	<—	任务协作	0.216	0.220	2.463	0.014
外部知识整合	<—	资源共享	0.396	0.385	3.045	0.002
服务创新绩效	<—	内部知识整合	0.579	0.580	4.379	***
服务创新绩效	<—	外部知识整合	0.446	0.433	2.893	0.004
χ^2 df χ^2/df		315.4 219 1.44	RMSEA TLI	0.036 0.915	CFI	0.901

注：＊＊＊表示显著性水平 $p<0.001$。

从表 5－19 可以看出，经过第一次修正的结构模型的 χ^2/df、TLI、CFI、RMSEA 等各项拟合指标均有所改进，说明模型拟合情况变好。可以看出，调整后最终模型各拟合指标均达到了模型拟合要求，拟合优度良好，通过调整修正所产生的最优结构模型如图 5－2 所示。

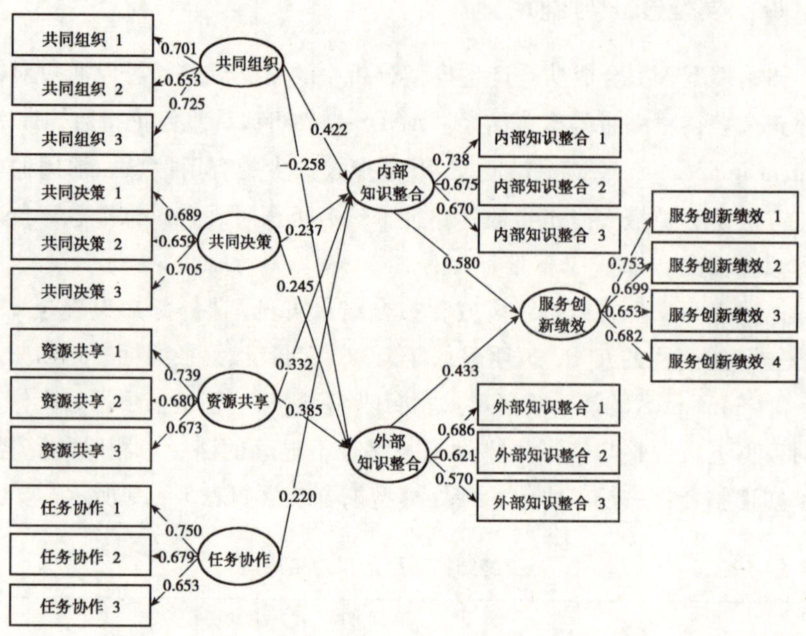

图 5－2　KIBS 企业—顾客互动对服务创新绩效影响机制的最终结构模型

第五节　分析与讨论

一　实证研究的整体结果

根据研究假设的验证结果以及最终确立的结构方程模型，KIBS 企业—顾客互动对服务创新绩效作用机制的概念模型修正如图 5－3 所示。

由图 5－3 可以看出，KIBS 企业—顾客间共同组织与内部知识整合正相关，即强度越高，内部知识整合越好，但是 KIBS 企业—顾客间共同组织负向影响外部知识整合，即强度越高，越不利于开展外部知识整合；KIBS 企业—顾客间共同决策通过促进内部知识整合与外部知识整合，进而正向影响服务创新绩效；KIBS 企业—顾客间资源共享对内部知识整合与外部知识整合都具有正向影响；KIBS 企业—顾客间任务协作能够促进内部知识整合，但是对于外部知识整合没有显著影响。在随后的小节中，将对实证结果做进一步分析讨论。

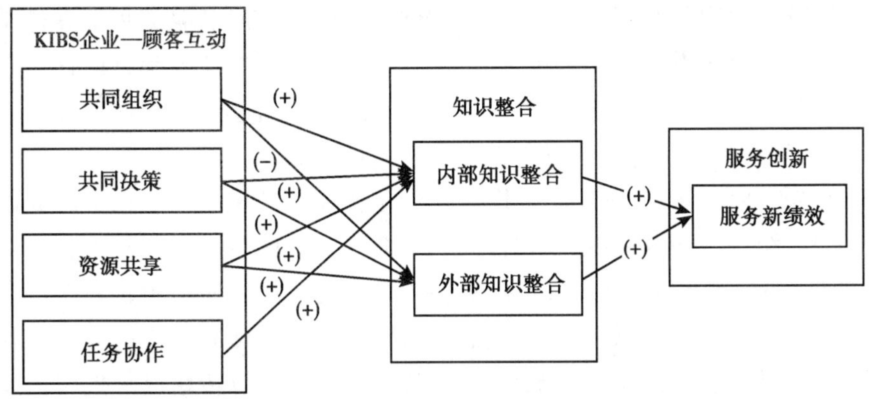

图 5－3 KIBS 企业—顾客互动、知识整合与服务创新绩效关系的模型修正

二 知识整合与服务创新绩效关系分析

如表 5－18 所示，知识整合对服务创新绩效有显著的促进作用，这与贝当古，奥斯托姆，布朗和让德翠（2002）；布拉译维奇和利文斯（2008）；登埃尔托格（2000）；艾瑞克和塞尔吉斯奥（2005）；南比桑（2002）等的研究结论相类似。

首先，本书假设的内部知识整合对服务创新绩效的正向影响得到了实证的支持。在本研究最终确立的结构方程模型中，“服务技术创新绩效 <—内部知识整合”的标准化路径系数为 0.580（$p<0.001$），表明内部知识整合对服务创新绩效有着显著的正向影响，这进一步说明内部知识整合能够促进 KIBS 企业—顾客间深度挖掘现有知识与能力，通过促进服务创新项目能够综合双方多样化视角与独特观点，进而提升服务创新绩效。

其次，外部知识整合有利于服务创新绩效的提升，这也得到了本研究的实证支持。在本研究最终确立的结构方程模型中，“服务创新绩效 <—外部知识整合”的标准化路径系数为 0.433（$p<0.01$），这说明外部知识整合对服务创新绩效的促进作用非常明显，表明服务创新可以通过对外部多样化知识的接近、汲取及重新组合来产生新颖性的服务，从而提高了服务创新绩效。

三 KIBS 企业—顾客间共同组织对服务创新绩效的作用机制分析

本研究有力地支持了 KIBS 企业—顾客间共同组织与服务创新之间的

关系是通过对内部知识整合与外部知识整合的不同影响而实现的。具体来说，KIBS 企业—顾客间共同组织正向作用于内部知识整合和负向作用于外部知识整合，不过通过计算，共同组织对服务创新绩效的总效应是0.133，表明最终总效应是正向影响了项目创新绩效。

首先，KIBS 企业—顾客间共同组织促进内部知识整合。在本研究确立的最终结构方程模型中，“内部知识整合 <—共同组织”的标准化路径系数为0.422（$p<0.05$），这说明当 KIBS 企业—顾客间就项目开发活动共同建立起规则、政策与程序，这不仅促进了项目成员间交流沟通的效率，而且极大地提升了项目成员间知识搜寻、获取与转移过程效率，此外，规则的建立也非常有利于项目成员将隐性知识转换为容易理解的显性知识，利于多样化知识的深入搜索与汲取，从而对内部知识整合的促进作用非常显著。

其次，KIBS 企业—顾客间共同组织对外部知识整合是负向影响。在本研究确立的最终结构方程模型中，“外部知识整合 <—共同组织”的标准化路径系数为 -0.258（$p<0.05$），这说明 KIBS 企业—顾客间共同组织不利于外部知识整合的开展，可能的原因在于过多的规则安排，如程式化询问互动机制、刻板角色预设，限制了从外部获取知识的丰富度与频繁度，从而降低了项目成员从外部整合知识的动机及潜力。反之，相对松散的非程式化情境提供给项目成员更为宽松的行动空间，从而更利于外部创新性观点与信息的汲取与整合。因此，共同组织局限了 KIBS 企业—顾客在外部更广范围内获取与整合新的潜在信息。本书的实证研究结果与原先假设预期相一致。

综上所述，KIBS 企业—顾客间共同组织对内部知识整合具有正向的影响，对外部知识整合具有负向的影响。保持适度共同组织水平取决于其知识整合的目标。对于更多要求内部知识整合的服务创新而言，要提高知识整合的效果并进而提高服务创新绩效，KIBS 企业—顾客间应该更多地发展共同规则、流程与程序；而如果从外部整合知识对于提升服务创新效果来说更重要，则 KIBS 企业—顾客间应适度减少共同规则安排，更多地发展松散的宽松创新情景。因此，共同组织与知识整合目标的匹配对于提升服务创新绩效非常重要。

四 KIBS 企业—顾客间共同决策对服务创新绩效的作用机制分析

本研究有力地支持了 KIBS 企业—顾客间共同决策与服务创新绩效之间的正效应，这与马廷，萨登和艾德瓦德森（2004）；索内，维诺纳和普兰代利（2005）；图尼，科尼和巴拉德瓦吉（2007）的研究结论相类似。KIBS 企业—顾客间共同决策程度越高，双方自由表达观点与意见的程度越高，那么双方贡献并分享专业知识背景与专业技能的程度将越高，这更能促进双方共同做出高质量的决策（布莱克，格瑞吉森，1997），有利于服务创新绩效提升。

KIBS 企业—顾客间共同决策能促进知识整合。在本研究最终确立的结构方程模型，“内部知识整合 <—共同决策”的标准化路径系数为 0.237（$p<0.05$）；“外部知识整合 <—共同决策”的标准化路径系数为 0.245（本研究在建模时固定此路径系数为 1，系统默认此路径显著），这说明 KIBS 企业—顾客间共同决策对内外部知识整合的促进作用非常显著。共同决策鼓励项目成员将各自不同的想法和观点充分表达、交流与辩论，有利于引导双方整合不同视角和预期从而开发出一个共享的情景（梅塔，2006），并且，当双方意识到自身观点能够被认真倾听与考虑，从而有潜力贡献于创新性的服务产出时，其对外部多样化领域知识整合的动机与能力也会显著提升。可见，共同决策对于内外部知识整合都有显著的正向影响。

综上所述，KIBS 企业—顾客间共同决策对服务创新绩效有重要影响，KIBS 企业—顾客间应当不断完善双方的协商机制，在相互信任的基础上增强彼此间沟通交流，从而促进内外部知识的汲取与整合，进而提升服务创新水平。

五 KIBS 企业—顾客间资源共享对服务创新绩效的作用机制分析

与芳（2008）；图尼，科尼和巴拉德瓦吉（2007）；迈克尔，布朗和加兰（2008）等的研究相似，本研究验证了 KIBS 企业—顾客间资源共享与服务创新绩效之间的正向相关关系，原因在于 KIBS 企业—顾客间资源共享活动越高，KIBS 企业—顾客作为一个行动系统可利用异质性资源的宽度与深度越强，对服务创新的来源与过程越能产生积极的影响，进而促进服务创新绩效提升。

更进一步，本研究指出，KIBS企业—顾客间资源共享是通过正向作用于内部知识整合和外部知识整合，进而正向影响了其服务创新绩效。在本研究最终确定的结构方程模型中，“内部知识整合<—资源共享”的标准化路径系数为0.332（$p<0.001$），“外部知识整合<—资源共享”的标准化路径系数为0.385（本研究在建模时固定此路径系数为1，系统默认此路径显著），这说明KIBS企业—顾客间的资源共享对内外部知识整合有较强的正向影响。

首先，当KIBS企业—顾客间资源共享时，双方成员将为知识整合过程带来更多的相关投入（史密斯等，2005），成员间多样化的专业背景使双方更容易理解相关知识的不一致性，更清楚如何将知识应用于项目中（费斯科等，1983；洛德，玛赫，1990）。

其次，由于KIBS企业与顾客分别拥有异质性的资源，当双方资源共享时，每个成员不仅重视自己的投入，并且依赖于他人的互补性投入（霍林斯赫德，2001；李维斯，2004），从而为知识整合奠定了基础（莫让，高萨尔，1996）。一方面，KIBS企业—顾客间资源共享程度越高，越能够帮助成员间更快速、更多视角地理解服务创新及其开发过程，更容易发现服务创新中存在的问题与机会，更有助于新颖想法的碰撞和涌现，这对创新的产生和解决方案的形成都很重要。另一方面，KIBS企业—顾客间资源共享活动促进双方形成共同语言并扩展了知识基，有助于吸收外部多样化知识潜力的提升。

综上所述，KIBS企业—顾客间的资源共享活动对内外部知识整合具有积极促进作用，KIBS企业与顾客间应当不断完善双方资源分享的平台与渠道，从而为内外部知识的汲取与整合创造条件，进而提升服务创新水平。

六 KIBS企业—顾客间任务协作对服务创新绩效的作用机制分析

KIBS企业—顾客间任务协作与服务创新绩效之间的正向相关关系在本研究中予以验证，这与芳（2008）；阿拉姆和佩里（2002）；格勒尔和洪堡（2000）；王琳和魏江（2007）；福斯，拉森和佩德森（2011）；卡博内尔，罗德里格斯-埃斯库德罗和普加瑞（2009）等的研究结论相符。具体而言，KIBS 企业—顾客间任务协作活动促进双方掌握不同知识技能的成员相互沟通、配合与协作，解决服务创新中遇到的问题与克服困难，改进创新组织效率，提升服务创新效果。

此外，本研究还验证了任务协作通过促进内部知识整合，进而正向影响服务创新绩效的作用过程。在本研究最终确定的结构方程模型中，“内部知识整合 <—任务协作”的标准化路径系数为 0.220（$p<0.05$），说明任务协作对内部知识整合有较强的正向影响。KIBS 企业—顾客间良好的任务协作将引导双方成员为共同的目标而努力，促进成员代表自身利益主动积极与对方配合。同时，为准确了解自己的任务并与对方协作，KIBS 企业—顾客各自会考虑对方的意见，从伙伴处收集更多与这个任务相关的知识，并且系统地、深入地分析这些知识。并且，在该过程中，KIBS 企业—顾客双方成员间持久互动既有助于形成双方理解的行为规范和共同语言，还能够使 KIBS 企业就服务质量获得顾客连续的评价（利文斯等，1999），从而促进内部知识整合。

然而，任务协作对外部知识整合的直接影响作用在本研究中未得到证实。在本研究最终确定的结构方程模型中，“外部知识整合 <—任务协作”的标准化路径系数为 -0.034（$p=0.714$），效应不显著，这说明任务协作对外部知识整合没有显著正向影响。可能的原因是 KIBS 企业—顾客间任务协作毕竟是在项目组内部展开，在具体工作的推进中，如果过多地整合外部知识，将会面临更多样化及异质性的观点和意见，甚至经历认知冲突，从推进具体工作进行以及落实具体任务的效率和效果来看，会干扰双方预先计划与设定好的行动及配合，从而对创新进程产生有一定的阻碍作用，因此，项目成员在任务协作过程中会更趋向于挖掘与利用好内部既有的知识，而不是广泛地去吸纳与整合外部知识。

可见，尽管 KIBS 企业—顾客间任务协作对内部知识整合具有正向的影响，但对外部知识整合没有显著性影响。当服务创新实践要求内部知识整合时，KIBS 企业—顾客间应该加强创新任务分工及协作活动。

综上所述，本研究通过对服务创新项目的大样本调研和结构方程建模分析，对第四章提出的 KIBS 企业—顾客互动对服务创新绩效作用机制的概念模型做了验证和修正，结果表明，原先的研究假设大多得到了证实，验证情况汇总如表 5 -20 所示。

表 5-20　KIBS 企业—顾客互动与服务创新绩效影响机制的研究假设

假设序号	假设具体描述	验证情况
假设 1a	KIBS 企业—顾客间共同组织对服务创新绩效有显著的正向影响	通 过
假设 1b	KIBS 企业—顾客间共同决策对服务创新绩效有显著的正向影响	通 过
假设 1c	KIBS 企业—顾客间资源共享对服务创新绩效有显著的正向影响	通 过
假设 1d	KIBS 企业—顾客间任务协作对服务创新绩效有显著的正向影响	通 过
假设 2a	KIBS 企业—顾客间共同组织对内部知识整合有显著的正向影响	通 过
假设 2b	KIBS 企业—顾客间共同决策对内部知识整合有显著的正向影响	通 过
假设 2c	KIBS 企业—顾客间资源共享对内部知识整合有显著的正向影响	通 过
假设 2d	KIBS 企业—顾客间任务协作对内部知识整合有显著的正向影响	通 过
假设 3a	KIBS 企业—顾客间共同组织对外部知识整合有显著的负向影响	通 过
假设 3b	KIBS 企业—顾客间共同决策对外部知识整合有显著的正向影响	通 过
假设 3c	KIBS 企业—顾客间资源共享对外部知识整合有显著的正向影响	通 过
假设 3d	KIBS 企业—顾客间任务协作对外部知识整合有显著的正向影响	未 通 过
假设 4a	内部知识整合对服务创新绩效有显著的正向影响	通 过
假设 4b	外部知识整合对服务创新绩效有显著的正向影响	通 过

第六节　本章小结

本章在第四章提出的 KIBS 企业—顾客互动对服务创新绩效作用机制模型与研究假设基础上，以问卷调查方式，综合运用因子分析、结构方程建模等方法，深入探讨了 KIBS 企业—顾客互动、知识整合及服务创新绩效之间的作用机理。

综合文献研究以及专家意见，本章设计了 KIBS 企业—顾客间共同组织、共同决策、资源共享、任务协作、内外部知识整合以及服务创新绩效等变量的测度量表，并通过效度检验和信度检验予以调整，形成了拟合度较好的测量模型。

进而，本章运用结构方程模型的方法对前文提出的概念模型进行检验与修正。除了任务协作与外部知识整合及服务创新绩效的关系没有通过验证外，原先的研究假设均得到了验证：共同组织对内部知识整合是正向影响进而影响服务创新绩效，但是对外部知识整合是负向效应；共同决策能通过促进内部知识整合与外部知识整合，进而正向影响服务创新绩效；资源共享能通过促进内部知识整合与外部知识整合，进而正向影响服务创新绩效；任务协作通过促进内部知识整合，进而正向影响服务创新绩效。

第六章

过程互依性和项目不确定性调节作用的实证

根据第四章和第五章的理论分析与实证检验，本书逐步打开了 KIBS 企业—顾客互动对服务创新绩效作用机制的黑箱，即 KIBS 企业—顾客互动可以通过推动内外部知识整合促进服务创新绩效。接下来，本章将对第四章提出的过程互依性和项目不确定性分别对 KIBS 企业—顾客互动与知识整合关系调节作用进行验证，进一步透视在不同情境变量调节作用下，KIBS 企业—顾客互动对知识整合的影响机制。

第一节　待验证的研究假设

根据第四章的论述，本章待验证的研究假设如下：

表 6－1　　过程互依性与项目不确定性的调节作用假设

假设序号	假设具体描述
	过程互依性的调节作用
假设 5a	过程互依性越高，KIBS 企业—顾客间共同组织对内部知识整合正向效应越显著
假设 5b	过程互依性越高，KIBS 企业—顾客间共同决策对内部知识整合正向效应越显著
假设 5c	过程互依性越高，KIBS 企业—顾客间资源共享对内部知识整合正向效应越显著
假设 5d	过程互依性越高，KIBS 企业—顾客间任务协作对内部知识整合正向效应越显著
	项目不确定性的调节作用
假设 6a	项目不确定性越高，KIBS 企业—顾客间共同组织对外部知识整合负向效应越显著
假设 6b	项目不确定性越高，KIBS 企业—顾客间共同决策对外部知识整合正向效应越显著
假设 6c	项目不确定性越高，KIBS 企业—顾客间资源共享对外部知识整合正向效应越显著

第二节　研究方法

一　变量测度

本节将通过实证研究对上述调节作用假设进行验证分析与更深层次讨论。本研究采用问卷调查的方式进行数据收集，因问卷设计与数据收集方法与第五章第二节第一部分所述相同，故不再赘述。本研究被解释变量为内部知识整合时，解释变量为 KIBS 企业—顾客间共同组织、共同决策、资源共享和任务协作；当被解释变量为外部知识整合时，解释变量为 KIBS 企业—顾客间共同组织、共同决策和资源共享。KIBS 企业—顾客各要素及知识整合等变量的测度方法在第五章第二节第二部分中已经论述，此处也不再重复。

过程互依性和项目不确定性是新引入的两个调节变量，预期将对 KIBS 企业—顾客互动与知识整合之间的关系产生影响，以下将对这两个变量的测度进行详细说明。

（一）过程互依性

过程互依性主要用于说明创新开发任务完成取决于 KIBS 企业与顾客间各自投入与相互协作的程度，根据索布雷洛和罗伯特（2001）；芳（2008）等的研究，本书采用李克特 7 级量表，通过以下 4 个题项对过程互依性进行测量：（1）项目推进取决于顾客与我们在项目各个阶段的紧密合作；（2）项目开发中，我们或顾客完成工作的方式对另一方有显著影响；（3）该项目要求顾客与我们在各个阶段配合对方的努力；（4）主要开发任务的完成要求顾客与我们频繁地咨询对方。对每个题项从 1 到 7 分别表示从最不同意到最同意，如表 6－2 所示。

表 6－2　　变量测度——过程互依性

测度题项	测度来源或依据
项目推进取决于顾客与我们在项目各个阶段的紧密合作	Sobrero，Roberts（2001）；Fang（2008）
项目开发中，我们或顾客完成工作的方式对另一方有显著影响	
该项目要求顾客与我们在各个阶段配合对方的努力	
主要开发任务的完成要求顾客与我们频繁地咨询对方	

（二）项目不确定性

根据加尔布雷斯（1977a）；格尔斯和曼苏尔－科尔（1995b）；达夫特和伦格尔（1986b）等的研究，本书采用李克特7级量表，通过以下3个题项对服务创新中面临的项目不确定性进行测量：（1）与你曾经历的其他项目比，该项目需求有不小波动；（2）与你曾经历的其他项目比，该项目遇到更多不可预测的技术问题；（3）与你曾经历的其他项目比，该项目开发的结果更不可预测。对每个题项从1到7分别表示从最不同意到最同意，如表6－3所示。

表6－3 变量测度——项目不确定性

测度题项	测度来源或依据
与你曾经历的其他项目比，该项目需求有不小波动	Galbraith（1977a）；Gales，Mansour-Cole（1995a）；Daft，Lengel（1986b）
与你曾经历的其他项目比，该项目遇到更多不可预测的技术问题	
与你曾经历的其他项目比，该项目开发的结果更不可预测	

二 分析方法

本研究以问卷调查方式收集数据，对于回收的问卷数据，将应用SPSS分析软件16.0版，在信度与效度检验的基础上进行多元回归分析。

（一）信度与效度检验

信度与效度检验是实证研究中的一个重要环节，只有满足信度和效度要求的实证分析，其分析及结果才具有说服力（李怀祖，2004）。本研究对信度与效度的检验方法与判断标准可参见第五章第二节第四部分，此处不再赘述。

（二）多元线性回归分析

多元线性回归可用来研究一个被解释变量与多个解释变量之间的线性统计关系（马庆国，2002）。本研究应用SPSS软件16.0版，以多元线性回归为分析工具，检验KIBS企业—顾客间共同组织、共同决策、资源共享、任务协作与知识整合之间的关系，并探析过程互依性和项目不确定性在其中的调节作用。

第三节 数据分析

在效度与信度通过检验的前提下，本研究将采用多元线性回归的方法来探究 KIBS 企业—顾客互动对知识整合的影响机制。

一 信度与效度检验

实证研究不仅需要从研究模型构建及数据收集等方面确保研究的信度和效度，还需要分析研究中所涉及变量的测度是否达到信度和效度的要求，本研究将运用因子分析与信度测试分别对其进行检验，以确保研究结果的合理性与可靠性。因 KIBS 企业—顾客间共同组织、共同决策、资源共享、任务协作、内部知识整合、外部知识整合等变量的信度和效度已经在第五章第三节进行了分析，此处不再重复，主要针对过程互依性和项目不确定性进行信度与效度检验。

本书首先采用主成分分析的因子提取方法和最大方差的旋转方法，分别对过程互依性和项目不确定性进行因子分析，以检验其效度，结果如表 6－4所示；其次，对过程互依性和项目不确定性做信度检验，结果如表 6－5 所示。

表 6－4　　　　过程互依性和项目不确定性的因子分析结果

题项（简写）	描述性统计分析		因子载荷	
	均值	标准差	过程互依性	项目不确定性
过程互依性 1	5. 64	1. 363	0. 713	－0. 005
过程互依性 2	5. 53	1. 264	0. 622	0. 125
过程互依性 3	5. 71	1. 220	0. 710	0. 135
过程互依性 4	5. 51	1. 266	0. 636	0. 080
项目不确定性 1	5. 34	1. 314	0. 096	0. 789
项目不确定性 2	5. 19	1. 266	－0. 042	0. 744
项目不确定性 3	5. 31	1. 229	0. 251	0. 691

注：KMO 值为 0. 762，Bartlett 统计值显著异于 0（$p < 0.001$），两个因子的累积解释变差为 72. 19%。

从表 6－4 可以看出，量表的各测度题项都较好地负载到其预期测度的因子之上，各题项的因子载荷系数均大于 0. 5。因此，过程互依性和项目不确定性量表具有较好的效度。因此，可以对各变量的测度题项分别进行简单平均，然后用各平均值作为变量的样本值代入回归模型进行后续分析。

表 6-5 过程互依性和项目不确定性的信度检验

变量名称	项目内容（简写）	题项总体相关系数	删除此题目后之 α 值
过程互依性	过程互依性 1	0.735	0.795
	过程互依性 2	0.731	0.768
	过程互依性 3	0.826	0.866
	过程互依性 4	0.756	0.825
	Cronbach's α	0.878	
项目不确定性	项目不确定性 1	0.677	0.833
	项目不确定性 2	0.735	0.810
	项目不确定性 3	0.778	0.789
	Cronbach's α	0.856	

本研究计算每个变量的题项—总体相关系数（CITC），同时计算该变量的 Cronbach's α 系数，以评价变量测度的信度。从表6-5可以看出，本研究各变量的 Cronbach's α 系数均远大于0.70，并且题项—总体相关系数亦均远大于0.35，表明本研究相关变量的测度整体具有较高的信度。

二 相关分析

变量间存在相关关系是进行回归分析的前提。因此，在回归分析之前，先对回归涉及的所有变量进行简单相关分析。

结果如表6-6所示，解释变量共同组织、共同决策、资源共享、任务协作及控制变量都分别与被解释变量内部知识整合和外部知识整合有不同的显著相关性，调节变量过程互依性和项目不确定性也都分别与各解释变量及被解释变量有显著相关关系，这初步预验证了本研究假设，后文将采用回归分析方法对这些变量之间的影响机制做更为精确的验证。

三 多元回归三大问题检验

为保证正确使用多元线性回归模型并得出科学的结论，需要检验回归模型是否存在多重共线性、序列相关和异方差三大问题；在不存在这些问题的前提下，回归模型的结果才具有稳定性与可靠性（马庆国，2002）。在此，本书对回归三大问题分别进行检验。

（1）多重共线性问题检验。多重共线性指解释变量（包括控制变量）之间存在严重的线性相关，即多个变量有共同的变化趋势，通常可用方差

表 6－6　**描述性统计分析及各变量间相关关系**

	均值	标准差	1	2	3	4	5	6	7	8	9
1. 项目周期	2.32	0.963									
2. 项目类型	2.18	1.036	－0.027								
3. 共同组织	5.9546	0.9600	0.102	0.018							
4. 共同决策	2.7623	0.78124	－0.004	0.036	0.033						
5. 资源共享	5.3323	1.0448	0.045	0.143**	0.230**	0.080					
6. 任务协作	3.7761	1.4657	－0.035	0.022	0.038	－0.071	0.049				
7. 项目不确定性	5.7737	0.74891	－0.033	0.053	0.269**	0.164**	0.246**	0.045			
8. 过程互依性	5.5954	0.8694	0.087	－0.020	0.248**	0.047	0.279**	0.057	0.289**		
9. 内部知识整合	5.8471	0.79396	0.070	0.051	0.291**	0.110*	0.339**	0.183**	0.331**	0.335**	
10. 外部知识整合	5.2909	1.0283	－0.010	0.021	－0.186**	0.182	0.272**	0.010	0.245**	0.172**	0.042

注：**表示显著性水平 p<0.01（双尾检验），*表示显著性水平 p<0.5（双尾检验）。

膨胀因子（Variance Inflation Factor，VIF）指数来判断（马庆国，2002）。一般来说，当 $0 < VIF < 10$ 时，不存在多重共线性；当 $10 \leq VIF < 100$ 时，存在较强的多重共线性；当 $VIF \geq 100$ 时，存在严重多重共线性。经检验，本研究各回归模型的 VIF 指数均大于 0 且小于 10，因此，可以判定本研究解释变量之间不存在多重共线性问题。

（2）序列相关问题检验。序列相关指不同期的样本值（不同编号的样本值）之间存在相关关系，通常可用 Durbin-Watson 值（DW 值）来判断（马庆国，2002）。一般可以认为，当 DW 值介于 1.5 至 2.5 时，则模型不存在序列相关。经检验，本研究各回归模型的 DW 值均非常接近于 2。因此，可以判定本研究各模型中不存在序列相关问题。

（3）异方差问题检验。异方差问题是指随着解释变量的变化，被解释变量的方差存在明显的变化趋势（不具有常数方差的特征），通常可用散点图进行判断（马庆国，2002）。以标准化预测值为横轴，以标准化残差为纵轴，进行残差项的散点图分析，若散点分布呈现无序状态，则可认为不存在异方差。经检验，本研究各模型的散点图均呈无序状。因此，可以判定本研究各模型均不存在异方差问题。

四 模型回归分析结果

在通过验证的 KIBS 企业—顾客互动对知识整合影响机制模型的基础上，本书将进一步考察过程互依性与项目不确定性在此机制中所起的调节作用。在做调节效应分析时，通常要将自变量和调节变量做中心化变换（即变量减去其均值）（温忠麟等，2005）。因此，本研究把描述 KIBS 企业—顾客互动的各解释变量以及过程互依性和项目不确定性进行中心化变换，并把处理后的 KIBS 企业—顾客互动分别与处理后的过程互依性和项目不确定性两两相乘，得到交互项，以备回归分析之用。本书以下部分主要对调节效应进行集中讨论。

（一）内部知识整合回归结果

表 6－7 给出了过程互依性对 KIBS 企业—顾客互动不同变量与内部知识整合调节作用的分析结果，其中，各模型的被解释变量均为内部知识整合，回归系数为非标准化路径系数。

模型 1 用来分析 KIBS 企业—顾客间共同组织、共同决策、资源共享以及任务协作对内部知识整合影响的主效应，控制变量包括项目周期和项目类型，解释变量包括共同组织、共同决策、资源共享、任务协作。从表6－6的模型1回归结果可以看出，共同组织、共同决策、资源共享、任务协作对内部知识整合都具有显著的影响，其非标准化回归系数分别为0.302（$p<0.001$）、0.187（$p<0.01$）、0.295（$p<0.001$）和0.176（$p<0.01$），同时模型1也为后面的交互效应模型提供了对比。模型2在模型1中所含解释变量的基础上添加了调节变量过程互依性，模型2中R^2值有显著意义的提高（$\Delta F=17.88$，$p<0.001$），这说明过程互依性对内部知识整合具有显著的影响。

表6－7　　过程互依性对内部知识整合影响的回归结果

	模型1	模型2	模型3†
	主效应	过程互依性	全模型
常数项	－0.216	－0.153	－0.130
控制变量			
项目周期	0.050	0.034	0.044
项目类型	0.169	0.117	0.115
解释变量			
共同组织	0.302***	0.332***	0.312***
共同决策	0.187**	0.169**	0.178**
资源共享	0.295***	0.239***	0.213***
任务协作	0.176**	0.168**	0.167**
调节变量			
过程互依性		0.225***	0.182***
交互项			
共同组织×过程互依性			0.076†
共同决策×过程互依性			0.100*
资源共享×过程互依性			0.097
任务协作×过程互依性			0.125**
模型统计量			
R^2	0.308	0.351	0.407
调整后R^2	0.302	0.334	0.382
F统计值	13.884***	15.089***	12.561***
R^2变动（相对于模型1）		0.042	0.056
F变动	13.884***	17.88***	6.35***

注：被解释变量为内部知识整合，回归系数为非标准化路径系数。***表示显著性水平$p<0.001$（双尾检验），**表示显著性水平$p<0.01$（双尾检验），*表示显著性水平$p<0.05$（双尾检验），†表示显著性水平$p<0.1$（双尾检验）。

模型3在模型2基础上添加了表征过程互依性调节作用的4个交互项（共同组织×过程互依性、共同决策×过程互依性、资源共享×过程互依性、任务协作×过程互依性），是包含所有变量的完整模型，回归模型的R^2值为0.407，对比其他各模型有显著意义的提高（$\Delta F=6.35$，$p<0.001$），说明过程互依性对KIBS企业—顾客互动与内部知识整合的关系有显著的调节作用，模型3能更好解释各变量对内部知识整合的影响效应。具体而言，共同组织与过程互依性交互项的回归系数为正（0.076）且显著异于0（$p<0.1$），意味着当过程互依性程度越高时，KIBS企业—顾客间共同组织对内部知识整合的正向效应更加显著；因而假设5a通过验证；共同决策与过程互依性交互项的回归系数为正值（回归系数0.100）且显著异于0，意味着当过程互依性程度越高时，KIBS企业—顾客间共同决策对内部知识整合的正向效应更加显著，因而假设5b通过验证；资源共享与过程互依性交互项的回归系数为正值（回归系数0.097）且不显著异于0，因而假设5c没有通过验证；任务协作与过程互依性交互项的回归系数为正值（回归系数0.125）且显著异于0，意味着当过程互依性程度越高时，KIBS企业—顾客间任务协作对内部知识整合的正向效应更加显著，因而假设5d通过验证。

（二）外部知识整合回归结果

表6-8给出了项目不确定性对KIBS企业—顾客间共同组织、共同决策、资源共享与外部知识整合调节作用的分析结果，其中，各模型的被解释变量均为外部知识整合，回归系数为非标准化路径系数。

模型1用来分析共同组织、共同决策以及资源共享对外部知识整合影响的主效应，控制变量包括项目周期和项目类型，解释变量包括共同组织、共同决策和资源共享。从表6-7的模型1回归结果可以看出，共同组织、共同决策和资源共享对外部知识整合都具有显著的影响，其非标准化回归系数分别为-0.119（$p<0.05$）、0.180（$p<0.01$）和0.283（$p<0.001$），同时模型1也为后面的交互效应模型提供了对比。模型2在模型1中所含解释变量的基础上添加了调节变量项目不确定性，模型2中R^2值有显著意义的提高（$\Delta F=8.940$，$p<0.001$），这说明项目不确定性对外部知识整合具有显著的影响。

表 6-8　　项目不确定性对外部知识整合影响的回归结果

	模型 1	模型 2	模型 3
	主效应	项目不确定性	全模型
常数项	0.266	0.233	0.273
控制变量			
项目周期	-0.046	-0.032	-0.043
项目类型	0.054	0.060	0.050
解释变量			
共同组织	-0.119*	-0.181**	-0.151**
共同决策	0.180**	0.103*	0.093†
资源共享	0.283***	0.249***	0.255***
调节变量			
项目不确定性		0.170**	0.143*
交互项			
共同组织×项目不确定性			0.090†
共同决策×项目不确定性			0.096
资源共享×项目不确定性			0.098†
模型统计量			
R^2	0.316	0.331	0.346
调整后 R^2	0.302	0.314	0.322
F 统计值	7.549***	7.938***	5.984***
R^2 变动（相对于模型 1）		0.025	0.016
F 变动	7.549***	8.940***	1.935

注：被解释变量为外部知识整合，回归系数为非标准化路径系数。***表示显著性水平 $p<0.001$（双尾检验），**表示显著性水平 $p<0.01$（双尾检验），*表示显著性水平 $p<0.05$（双尾检验），†表示显著性水平 $p<0.1$（双尾检验）。

模型 3 在模型 2 基础上添加了表征项目不确定性调节作用的 3 个交互项（共同组织×项目不确定性、共同决策×项目不确定性、资源共享×项目不确定性），是包含所有变量的完整模型，回归模型的 R^2 值为 0.346，对比其他各模型有显著意义的提高（$\Delta F=1.935$，$p<0.001$），说明项目不确定性对 KIBS 企业—顾客间共同组织、共同决策及资源共享与外部知识整合的关系有显著的调节作用，模型 3 能更好解释各变量对外部知识整合的影响效应。具体而言，共同组织与项目不确定性交互项的回归系数为正（0.090）且显著异于 0（$p<0.1$），意味着当项目不确定性程度越高时，KIBS 企业—顾客间共同组织对外部知识整合的负向效应更加显著，

因而假设6a通过验证；共同决策与项目不确定性交互项的回归系数为正值（回归系数0.096）且不显著异于0，因而假设6b没有通过验证；资源共享与项目不确定性交互项的回归系数为正值（回归系数0.098）且显著异于0，意味着当项目不确定性程度越高时，KIBS企业—顾客间资源共享对外部知识整合的正向效应更加显著，因而假设6c通过验证。

第四节　结果讨论

根据研究假设的验证结果，过程互依性和项目不确定性对KIBS企业—顾客互动与内部知识整合及外部知识整合关系的最终调节作用模型如图6-1所示。

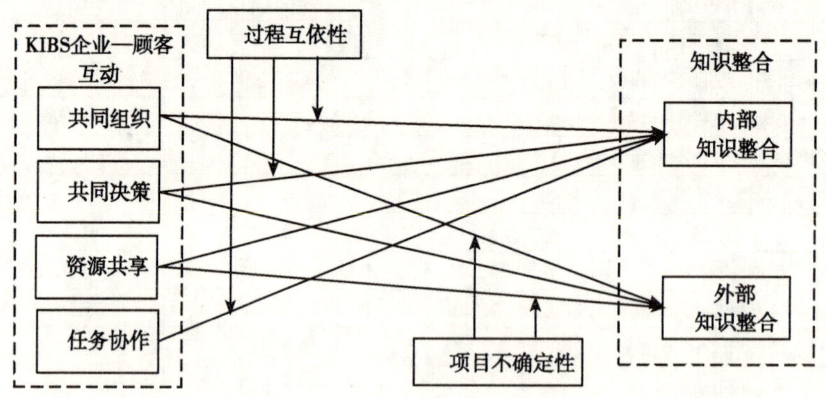

图6-1　最终确立的过程互依性与项目不确定性调节效应模型

由图6-1可以看出，过程互依性对共同组织与内部知识整合、共同决策与内部知识整合以及任务协作与内部知识整合关系具有显著的调节作用；项目不确定性对共同组织以及资源共享与外部知识整合关系具有显著的调节作用。在随后的小节中，将对实证研究结果做进一步讨论。

一　过程互依性对KIBS企业—顾客互动与内部知识整合关系的调节

由上述分析结果可知，本书假设5a通过了验证（回归系数0.076，$p<0.1$），意味着过程互依性越高，共同组织对内部知识整合的正向效应越显著，换句话说，服务创新过程中KIBS企业—顾客相互依赖程度较高的情景下，共同组织对内部知识整合具有更大的正向作用。共同组织是

KIBS 企业—顾客就双方关联行动与运作规则进行的共同安排及相应遵守，在低过程互依性情景下，KIBS 企业—顾客间需要共同投入及协作的情形将会相对减少，因而不需要双方频繁地通过共同制定需要双方遵守的规则来提升协作效率及效果，相应地，共同组织对内部知识整合的促进作用减弱。但是，在高过程互依性情景下，增加了 KIBS 企业—顾客双方间共同投入及关联协作的频率，共同规则的制定与遵守对于内部知识整合显得更有意义。因此，当服务创新项目对 KIBS 企业—顾客双方相互投入及关联协作要求越高的情景下，更需要能够促进内部知识整合的共同组织。

本书假设 5b 通过了验证（回归系数 0.100，$p<0.05$），意味着过程互依性越高，共同决策对内部知识整合的正向效应越显著，换句话说，服务创新过程中 KIBS 企业—顾客相互依赖程度较高的情景下，共同决策对内部知识整合具有更大的正向作用。从本质上来讲，共同决策体现了 KIBS 企业—顾客在创新过程中通过民主协商的方式解决不同意见和观点的程度。在低过程互依性情景下，KIBS 企业—顾客间需要共同解决的分歧与矛盾数量减少，因而不需要双方过多的通过集体协商来推进项目开发，相应地共同决策对内部知识整合的促进作用减弱。但是，在高过程互依性情景下，增加了 KIBS 企业—顾客双方共同面对的问题数量及相应的解决问题频率，并且，只有当 KIBS 企业与顾客双方在问题解决上的不同观点被统一后，项目才能继续向前推进，于是，能够促进 KIBS 企业—顾客间的内部知识整合的共同决策显得更有意义。

本书假设 5c 没有通过验证，即过程互依性对资源共享与内部知识整合关系的调节效应没有通过验证。可能的原因在于，服务创新项目的内部知识整合倾向与水平都较高，无论过程互依性如何，双方都非常重视资源共享，因此，过程互依性的变化对资源共享与内部知识整合关系的调控影响可能无法被这些样本项目所体现，另一方面也可能受到本研究取样的影响，当然这也是今后可进一步探讨的方向。

本书假设 5d 通过了验证（回归系数 0.125，$p<0.1$），意味着过程互依性越高，任务协作对内部知识整合的正向效应越显著，换句话说，在创新过程中 KIBS 企业—顾客相互依赖程度较高的情景下，任务协作对内部知识整合具有更大的正向作用。这一验证结果表明，高过程互依性的创新情景下 KIBS 企业—顾客双方有更强的协作意愿，能够更好地分担起相关联工作与职责，并根据需要做出适应性调整。因此，相比于低过程互依

性，高过程互依性创新情景下 KIBS 企业—顾客双方有着更有效的相互沟通、交流及协作，更有潜力去整合不同观点和想法，从而提高了项目的内部知识整合效果。

二　项目不确定性对 KIBS 企业—顾客互动与外部知识整合关系的调节

当项目不确定性程度呈现较高水平时，项目内部知识可能无法解决双方互动中产生的问题，为更好地提供符合双方期望的解决方案，实现服务创新绩效，项目成员需要更加主动与积极的接近外部可利用的信息与知识，进而能够满足项目开发对关键知识投入的需求，并将这些新知识与项目内已有知识相结合以提供更好的解决方案。因此，在项目不确定性程度较高的情景下，能够促进外部知识整合的 KIBS 企业—顾客互动具有更重要的意义。

由表6－8 回归结果可知，本书假设6a 通过了验证（回归系数0.090，$p<0.1$），即项目不确定性程度越高，共同组织对外部知识整合具有更强的负向效应。从本质上讲，共同组织体现的是 KIBS 企业—顾客双方共同制订并遵守规则的程度，在低项目不确定性情景下，对外部信息和资源的需求相对较少，于是共同组织对外部知识整合的负向效应不易体现出来。但是，在高项目不确定性情景下，KIBS 企业—顾客双方成员需要更为松散与宽松的行动自由以促进丰富化观点与信息的汲取与整合，过多规则安排会局限项目成员从外部整合知识的动机及潜力，于是，共同组织对外部知识整合的负向作用更为显著。这一研究结论意味着在高项目不确定性情景下，为更好地整合外部知识，KIBS 企业—顾客双方有必要将共同组织保持在适度的水平。

然而，本书假设 6b 没有通过验证，即项目不确定性对共同决策与外部知识整合关系的调节效应没有通过验证。可能的原因在于，随着项目不确定性的增加，双方面临的决策越复杂越困难，虽然共同决策可以在一定程度上有利于减少项目不确定性，但是共同决策本身也会导致更多的沟通成本。同时，在高不确定性情景下，更倾向于要求决策的灵活性与响应性，从而会一定程度上减少对共同决策的需求。

与预设假设相一致，本书假设 6c 通过了验证（回归系数 0.098，$p<0.1$），即项目不确定性程度越高，资源共享对外部知识整合的促进作用

更加明显。这一研究结论意味着在高项目不确定性情景下，为更好地整合外部知识，KIBS 企业—顾客双方有必要加强资源共享活动。

第五节 本章小结

本章在第五章验证通过的 KIBS 企业—顾客互动对知识整合影响机制模型的基础上，引入过程互依性和项目不确定性来进一步探索这两个变量对此机制的调节效应。本章运用效度和信度检验以及多元统计回归等方法对问卷收集的相关数据进行分析验证，深入探讨了 KIBS 企业—顾客间共同组织、共同决策、资源共享、任务协作对知识整合的影响关系及过程互依性和项目不确定性在其中的调节作用，实证研究结果汇总如表 6 - 9 所示。

表 6 - 9 过程互依性和项目不确定性调节效应的相关研究假设验证情况

假设序号	假设具体描述	验证情况
假设 5a	过程互依性越高，共同组织对内部知识整合的正向效应越显著	通过
假设 5b	过程互依性越高，共同决策对内部知识整合的正向效应越显著	通过
假设 5c	过程互依性越高，资源共享对内部知识整合的正向效应越显著	未通过
假设 5d	过程互依性越高，任务协作对内部知识整合的正向效应越显著	通过
假设 6a	项目不确定性越高，共同组织对外部知识整合的负向效应越显著	通过
假设 6b	项目不确定性越高，共同决策对外部知识整合的正向效应越显著	未通过
假设 6c	项目不确定性越高，资源共享对外部知识整合的正向效应越显著	通过

第七章

结论与展望

通过前面六章的研究，本书已对 KIBS 企业—顾客互动对服务创新绩效的作用机制进行了较为系统、深入的分析和验证。本章将对全书的研究进行归纳总结，阐明本书的主要结论、理论贡献和实践启示，并在此基础上针对本书的研究局限和不足提出未来的研究方向。

第一节　主要研究结论

市场智力与顾客知识是企业实现创新绩效的重要战略性资源，为了在新竞争态势中胜出，企业纷纷模糊与延伸创新组织边界，吸纳外部主体共同参与到创新过程中的各环节。对于积极开展服务创新的 KIBS 企业，遵循市场导向及服务主导逻辑是实现生存与发展的根本要求，因此，顾客组织无疑是其最重要最关键的外部创新合作主体，建立与发展同顾客的合作性互动成为发展与提升 KIBS 企业自身竞争优势的一个备选战略（Goes. 等，1997）。服务创新实践开始从传统上“以 KIBS 企业为中心”的单边思考和单边行动的创新范式向“KIBS 企业—顾客共创价值”交互范式转变，KIBS 服务企业只有通过与顾客的联系协作开展学习和创新活动，才能提升自身的服务创新水平，构建起持续竞争力。因此，在服务创新实践中建立与维系恰当的 KIBS 企业—顾客互动模式以充分挖掘与整合双方潜能是 KIBS 企业服务创新制胜的关键。

围绕“KIBS 企业与顾客如何构建恰当的互动模式来提升服务创新绩效”这一基本研究命题，本书综合运用理论研究、探索性案例研究、大样本统计分析等一系列研究方法及 SPSS 和 AMOS 等统计分析工具，把定性研究与定量研究有机结合，逐层深入展开论述，循序渐进地解答了三个研究问题：KIBS 企业—顾客互动的内涵和构成要素是什么？KIBS 企业—顾客互动对服务创新绩效的作用路径是怎样的？不同的过程互依性与项目不确定性情景下对此作用机制有何异同？从而力图打开此中黑箱，深入剖析KIBS企业—顾客互动、知识整合及服务创新绩效之间的影响机理。通过全书的论证分析，形成了以下主要研究结论。

一 KIBS企业—顾客互动对服务创新绩效有积极的影响作用

KIBS企业与顾客间蕴含着一种“共生关系”，双方通过互动提供了接近与利用对方资源的“桥梁机制”，增强了KIBS企业与顾客进行资源互补和能力重构的潜力，能促进服务创新绩效的改善。本书通过对4个服务创新项目的深入调研和338份服务创新项目的调研问卷研究表明，KIBS企业—顾客间的共同组织、共同决策、资源共享及任务协作都有助于服务创新绩效的提升。KIBS企业—顾客间的共同组织和共同决策是管理互动的结构化机制，通过界定双方的角色关系，如共同规则及决策权力的行政安排，有利于项目创新绩效的提升。具体而言，共同组织是对KIBS企业—顾客双方行动与运作规则等方面的安排及相应遵守，有助于降低服务创新的不确定性程度，提升双方沟通与协作的效率，促进服务创新绩效；共同决策体现了服务创新进程中对KIBS企业—顾客双方观点进行协调决策的程度，有助于汇聚集体智慧进而做出高质量的创新决策以及提升决策的贯彻执行，从而改进服务创新效率与效果。资源共享活动能显著地拓宽KIBS企业—顾客作为一个行动系统可利用资源的领域，对服务创新的来源与过程都能产生积极的影响。任务协作能够促进KIBS企业—顾客双方掌握不同知识技能的成员相互沟通与配合，协作解决创新中遇到的问题与克服困难，促进服务创新绩效提升。

二 KIBS企业—顾客互动通过影响内部知识整合和外部知识整合继而影响服务创新绩效

知识整合意味着KIBS企业—顾客双方在服务项目创新层面对各类专业知识协同性的利用与整合，它对于提升服务创新绩效发挥着尤为重要的作用，是KIBS企业—顾客互动促进服务创新绩效的关键中介因素。本书通过实证研究建立结构模型得出，KIBS企业—顾客互动对服务创新绩效的影响是以内部知识整合和外部知识整合为中介实现的：KIBS企业—顾客互动通过影响内部知识整合进而影响服务创新绩效；另外，KIBS企业—顾客互动也可以通过影响外部知识整合从而影响服务创新绩效，这两条路径一起构成了 KIBS 企业—顾客互动对服务创新绩效的作用机制。

具体来说，本书剖析了 KIBS 企业—顾客间共同组织、共同决策、资源共享及任务协作四要素对知识整合及服务创新绩效的影响，实证研究结果表明这种影响是多维度的。其中，共同组织对内部知识整合有显著的正向影响，但对外部知识整合是显著的负向效应；共同决策对内部知识整合和外部知识整合都有显著的正向影响；资源共享对内部知识整合和外部知识整合都有显著的正向影响；任务协作对内部知识整合有显著的正向影响，但对外部知识整合没有显著的影响。

三　过程互依性和项目不确定性在 KIBS 企业—顾客互动对知识整合的作用机制中发挥着重要的调节作用

KIBS 企业—顾客互动对推进创新实践开展的效用发挥还取决于重要的情景因素，服务创新中必须面对这些情景调整互动模式以提升创新绩效。由此，本书引入了服务创新项目情景特性调节变量，即过程互依性和项目不确定性，来考察 KIBS 企业—顾客互动对知识整合的权变效应。本书的实证研究表明，过程互依性和项目不确定性能够促进 KIBS 企业—顾客互动对知识整合影响作用的发挥。具体而言，服务创新项目的过程互依性越高，KIBS 企业—顾客互动三要素，即 KIBS 企业—顾客间共同组织、共同决策和任务协作对内部知识整合的正向效应更加明显；服务创新项目的不确定性越高，KIBS 企业—顾客间共同组织对外部知识整合的负向效应更明显，KIBS 企业—顾客间资源共享对外部知识整合的促进作用更显著。

第二节　理论贡献

本书通过对 KIBS 企业—顾客互动、知识整合与服务创新绩效的关系研究，架起了顾客合作创新理论、知识整合理论与服务创新理论之间联系的桥梁，对相关理论研究进行了拓展与深化，主要理论贡献包括以下几个方面。

一　通过理论构建，丰富和拓展了企业—顾客合作创新理论

顾客合作创新缺乏一个整体的理论框架，尤其是从管理的视角，这被

视为当前文献研究中的一个重要不足（Bogers 等，2010）。由于缺乏相关理论的导引，在顾客合作创新研究中，企业—顾客互动的内涵与外延界定远未达成共识，而且学者们都主要是从行为视角来分析顾客合作生产或创新活动，仅关注了企业—顾客互动中实际发生的动态活动，却忽略了企业—顾客互动作为一个行动系统，它本身也是具有一定的结构型态的，导致无法从系统化视角对企业—顾客互动本质提供有力解释。本书从组织间联系视角出发，结合市场营销理论，对 KIBS 企业—顾客互动的概念与内涵进行了明晰的分析界定，指出 KIBS 企业—顾客互动是基于共创价值导向，KIBS 企业—顾客间集合在一起围绕特定创新任务的实现而形成的一个行动系统，它涉及企业与顾客双方共同围绕特定创新任务而形成的过程协作机制及动态活动，并识别出 KIBS 企业—顾客互动的结构维与过程维及共同组织、共同决策、资源共享与任务协作四大要素，在此基础上进行了较为系统的经验研究。这一研究不仅对顾客合作创新概念体系进行了优化重构，而且也对 KIBS 企业—顾客互动的定量展开具有一定的参考和借鉴意义。

二 通过实证方法，推进了 KIBS 企业—顾客互动与服务创新绩效作用机制的研究

尽管顾客合作对创新绩效的重要性已经得到了广大学者的认同，但关于顾客合作对创新绩效的作用机制研究较少，大多研究只涉及两者的相关关系，而未提出明确的分析框架或模型，缺少扎实的经验研究证据。同时，来自技术创新领域的研究关注信息在创新过程是否从顾客方向企业方的有效传递与转移，忽视了信息只是创新的基本原料，不会自动带来创新潜力（Lundkvist，Yakhlef，2004），从而局限了我们对服务创新实践的充分理解与相应指导。而本书则建构起“KIBS 企业—顾客互动—知识整合—服务创新绩效”的理论逻辑，引入知识整合视角，以 KIBS 企业服务创新项目为研究样本，研究了 KIBS 企业—顾客互动通过对内外部知识整合的影响进而作用于服务创新绩效的机制，从根本上打开了 KIBS 企业—顾客互动对服务创新绩效作用的过程“黑箱”。这既在理论上丰富了从知识整合视角解释顾客合作对创新绩效作用机制的研究；又为服务创新实践有效利用 KIBS 企业—顾客互动、提升 KIBS 企业—顾客互动对服务创新绩效的促进作用提供了依据。

三　深化了对 KIBS 企业—顾客互动不同作用情景的理解

KIBS 企业—顾客互动效用的大小和方向还受到创新情景的影响，本书聚焦于 KIBS 企业—顾客互动与知识整合关系，基于权变视角探究了过程互依性与项目不确定性对这二者之间关系的调节效应。实证研究表明，过程互依性对共同组织与内部知识整合、共同决策与内部知识整合以及任务协作与内部知识整合关系具有显著的调节效应；项目不确定性对共同组织以及资源共享与外部知识整合关系具有显著的调节效应，这一研究结论深化了对 KIBS 企业—顾客互动作用情景的理解，对于服务创新实践中根据创新情景特征构建相应的企业—顾客互动模式具有一定参考价值。

第三节　实践启示

本书以 KIBS 企业服务创新项目为研究样本，探悉了 KIBS 企业—顾客互动对服务创新绩效的作用机制，研究结果对在服务创新实践中如何建立与维系恰当的 KIBS 企业—顾客互动模式以改进服务创新绩效具有一定的启示。

一　构建恰当的 KIBS 企业—顾客互动模式来提升服务创新绩效

KIBS 企业—顾客互动是 KIBS 企业—顾客间集合在一起围绕特定创新任务的实现而形成的一个行动系统，包括结构维与过程维。本书的实证研究表明，KIBS 企业—顾客互动为创新提供了接近、利用及整合所必需的资源、信息、知识和能力的机会，并在双方的协作中提升服务创新绩效。具体而言，KIBS 企业—顾客间共同组织与共同决策为服务创新提供了恰当的结构安排，而资源共享与任务协作则促使 KIBS 企业与顾客整合如一个集体一样行动，促进具体创新活动的实施与推进。因此，服务创新实践中可以充分利用 KIBS 企业—顾客互动实现创新绩效的提升。

其次，对于服务创新而言，不同的 KIBS 企业—顾客互动模式都可以给项目创新带来积极的影响，创新过程特征、创新项目特征、知识整合目标三方面共同决定了最优的 KIBS 企业—顾客互动模式。因此，服务创新实践者应该从全局且权变的立场出发，为不同问题的解决选择合适的 KIBS 企业—顾客互动模式，学会适时改变互动结构型态及过程活动，以使所期望的服务创新绩效得以实现。

二　动态调整服务创新实践中 KIBS 企业—顾客间共同组织水平以提升服务创新绩效

本书证实了服务创新实践中 KIBS 企业—顾客间共同组织对内部知识整合具有正向影响，但对外部知识整合有负向效应。因此，本书对服务创新实践的指导意义在于，服务创新实践者应该充分理解共同组织的内涵，了解其对知识整合的作用方向与效果，从而根据知识整合的目标动态调整共同组织水平以提升服务创新绩效。

服务创新实践中共同组织通过提供 KIBS 企业—顾客共同可遵循的行动规则及流程发挥着协调机制作用，减少沟通与决策的数量，并有助于创新过程不确定性的降低。然而，过分强调共同组织会一定程度约束双方成员对外部多样化信息和知识的接近与获取的意愿与潜力，当服务创新中迫切需要通过整合外部知识以产生新颖的、创造性服务时显得尤其不利。因而，服务创新实践中应该权衡 KIBS 企业—顾客间共同组织的适应性，根据创新情景战略性地设计恰当的共同组织水平，既能够使双方成员有效地对项目过程进行协调和控制，导致创新中能够按可预见方式在内部获取和整合更多的知识和信息，又能够提供适度的自由行动空间以促进双方成员从外部搜寻、获取与转移异质性知识，从而取得内部知识与外部知识整合的平衡，以至赢得高水平的服务创新绩效。

三　建立起服务创新实践中 KIBS 企业—顾客间共同决策机制

本书研究发现，KIBS 企业—顾客间共同决策机制的建立，能促进内部知识整合和外部知识整合，这对提升服务创新新水平具有重要意义。服务创新实践中应该优化 KIBS 企业—顾客间的共同决策机制，并在协调解决问题的过程中培育双方能理解的行为规范和共同语言，促进知识整合，进而提升服务创新水平。同时，KIBS 企业还应该通过共同决策及时获得顾客对服务创新过程的直接反馈，及时调整服务创新过程中的不足与遗漏，提高创新绩效水平。并且，KIBS 企业应该意识到，通过鼓励顾客积极参与服务创新决策，有助于引导顾客相信并感觉到他们是能够影响 KIBS 企业在创新中整合了其认为有价值的特征，进而能够提升顾客对最终服务创新产出的接受与满意程度。

四 优化服务创新实践中 KIBS 企业—顾客间的动态活动

以往研究中大多数学者更关注 KIBS 企业—顾客间是否有实际的资源流动或行为发生，因为 KIBS 企业—顾客间的结构安排在达成有形结果时通常会遭遇失败，所以将对服务创新实践的考察聚焦于实际发生在 KIBS 企业—顾客之间的动态活动是有一定依据的。本书研究发现，资源共享与任务协作活动有利于知识整合进而促进服务创新绩效的提升。

服务创新实践中应该充分搭建促进资源共享活动与任务协作行为的平台，以促进 KIBS 企业—顾客双方资源与潜力的互补、利用及整合。显然，此过程需要相应的条件给予支撑，KIBS 企业—顾客双方是否有意愿并有能力将自己的资源与潜力提供给对方并贡献相关努力显得尤为重要。于是，一方面，服务创新实践中 KIBS 企业应积极主动地与顾客建立起良好互信的合作关系，通过充分的交流与沟通加强双方对创新目标的共识，从而引导对创新实践更多有价值的资源投入与行动努力；另一方面，从 KIBS 企业与顾客双方派出的项目成员应该具备一定的专家能力，拥有相关联的知识及学习能力，从而能够识别对方资源的重要性并能够积极获取对方有价值的协作配合。

五 动态调整服务创新过程中知识整合的重心

本书研究发现，在过程互依性高的情况下，KIBS 企业—顾客间共同组织、共同决策及任务协作将对内部知识整合具有更大的促进作用，而在项目不确定性高的情况下，KIBS 企业—顾客间共同组织与资源共享对外部知识整合具有更大的促进作用。这个结论对服务创新实践中动态调整其知识整合的中心具有重要的指导意义。

服务创新过程中 KIBS 企业与顾客应该根据创新情景的具体特点，将 KIBS 企业—顾客互动重心关注在更有利于提高知识整合的具体方向上来。例如，在创新项目过程互依性较高情景下，KIBS 企业与顾客应该对互动结构维及过程维中任务协作都予以重视，以利于促进服务创新绩效水平的内部知识整合；而在创新项目不确定性较高情景下，KIBS 企业与顾客应该对共同组织与资源共享特别强调，以促进外部知识整合，进而提高服务创新绩效的水平。

第四节 研究局限与未来研究展望

本书综合运用了顾客合作创新、组织间联系、技术创新、服务创新及知识整合等研究成果及分析方法，并结合中国 KIBS 企业服务创新项目实地调研的现实情况，通过严密的理论分析与逻辑推导，构建了 KIBS 企业—顾客互动、知识整合及服务创新绩效之间的关系机制模型，再通过数理统计，借以分析与验证理论观点的正确性与有效性，并对之进行修正与完善，得出了一些较为有意义的结论。然而，囿于所研究问题的复杂和笔者的时间、精力和个人能力所限，本书的研究中还有不少有待完善之处，主要表现在以下两个方面：

（1）样本收集。尽管本书研究花费了大量精力，通过多种途径进行问卷发放与回收，尽量兼顾不同知识密集型服务企业类型以及不同项目类型、项目周期的服务创新项目，以保证有效问卷的数量和质量，减少未回复偏差，但受制于问卷发放的地域局限，样本数据均来源于浙江省企业，难以排除该区域企业固有特性的影响，可能在一定程度上对研究结果的普适性造成影响，因此，本书所得研究结论有待在更广区域范围进行验证。

（2）变量测度。本书采用 7 点量表的测量方法对 KIBS 企业—顾客互动、知识整合和服务创新绩效等变量进行测度。虽然本书结合已有研究量表、对相关企业的实地访谈以及专家意见进行调查问卷设计，并通过效度和信度检验，以尽可能保证变量测度的有效性和可靠性，但使用李克特 7 级量表由受访者主观评分的方法仍不可避免地存有测度偏差和缺陷。未来的研究中，应该用更加客观的方法对上述变量进行测度，这样做出的研究可能更加精细，研究的结论就会更具有可靠性与可重复性。此外，本书中关于 KIBS 企业—顾客互动各要素的测度全部来自于 KIBS 企业一方参与项目创新成员的评价，事实上，在合作关系中 KIBS 企业—顾客双方成员对互动的目标、任务、工作方式可能都存在一些不同的认识，综合考量双方的意见可以使我们更为准确地把握 KIBS 企业—顾客互动的水平及其作用。并且，虽然本研究尽量寻找项目和组织中的关键人物来回答问题，但个人的认知是否能够完全代表组织整体的特点，也许有着一定的争议。因此，如果可以获得合作双方对于整体情况及 KIBS 企业—顾客互动的客观评价，将有助于我们更加全面、准确地研究 KIBS 企业—顾客互动及其对服务创新绩效的影响。

关于顾客合作创新及其对知识整合与服务创新绩效的研究正成为服务创新研究领域中的热点之一，相信在不久的将来会涌现更多的关于此方面的理论研究与实证研究。在本书的研究基础上，笔者认为后续的研究可以沿着以下方向展开：

首先，本书从组织间联系视角来研究 KIBS 企业—顾客互动对服务创新绩效的作用机制，并选取了结构维与过程维两个分析维度。事实上，两个主体间互动的内涵是极为丰富的，对互动的刻画还可以有许多其他的特征维度，如互动的认知维或关系维，又如互动的频度与深度，未来可以综合考察 KIBS 企业—顾客互动其他不同特征维度对知识整合及服务创新绩效的影响。

其次，本书将 KIBS 企业—顾客互动视为一个行动系统并进行相应的内涵与外延界定。然而，行动系统本身是一个形成与演化的过程，KIBS 企业—顾客互动各要素对服务创新绩效的影响与作用机制也可能发生变化。如能在未来对 KIBS 企业—顾客互动的形成过程和影响因素进行讨论，不仅可以深入研究 KIBS 企业—顾客互动的形成规律，亦可深入剖析 KIBS 企业—顾客互动对服务创新绩效的动态作用过程和机制，从而带来更有指导意义的结论。

最后，通过本书的理论阐述与实证研究可知，服务创新过程中的知识整合水平及效果对于创新绩效意义重大。本书主要从 KIBS 企业—顾客互动的视角来切入，未来可以引入其他变量如知识转移、知识共享等对服务创新实践中的知识整合过程及机制值得进一步研究，这类问题应更多地引入时间框架进行纵向研究，如能在未来研究中获得纵向的大样本数据，可以深入细致地考察 KIBS 企业—顾客互动、内部知识整合、外部知识整合、项目创新情景等要素作用机制随时间变化而不断变化的过程，这对于服务创新管理实践将更具有现实指导意义。

附录一

访谈提纲

一、请您简要介绍一下贵公司概况

1. 贵公司成立于何时？主营业务是什么？
2. 贵公司的员工总数是多少？近两年的经营业绩如何？
3. 贵公司的新服务开发在业内处于什么水平？
4. 贵公司的服务发展创新历史。

二、请您介绍一下贵公司所在行业的服务创新概况

1. 该行业领域的服务与技术发展变化速度如何？
2. 该行业领域针对顾客需求提供服务的情况如何？
3. 该行业领域内竞争对手的表现如何？

三、请您介绍一下贵公司与客户合作创新的情况

1. 贵公司与客户开展合作创新的动因是什么？
2. 与客户合作创新给贵公司带来了哪些收益？有何负面影响？
3. 请您举例说明与客户合作是否对提供创新性服务提供了帮助。
4. 请您举例说明影响与客户合作创新成功的关键方面有哪些。

四、请您谈一谈曾参与的与客户合作的服务创新项目

1. 请您介绍一下该项目的背景及整个开发过程。

2. 请您描述该项目中贵公司与顾客的合作情况，以及开发过程中顾客的角色、作用及活动。

3. 请评价一下该项目的服务创新绩效。

4. 除此之外，请根据贵公司服务创新实践情况，再次谈谈您对顾客合作创新的认识和看法。

附录二

调查问卷

"KIBS 企业—顾客互动与服务创新绩效关系研究"调查问卷　No.

尊敬的先生/女士：

您好！本问卷旨在调查与研究知识密集型服务企业与顾客企业合作创新活动对创新绩效的作用机制，为提升知识型服务企业创新能力提供理论和实践支撑。非常感谢您抽出宝贵时间，帮助我们完成此次调研任务。您提供的信息将受到严格保密，并仅用于科学研究，请您放心并客观地填写。

一、调查背景说明：由于本次调查希望立足于项目层面，所以请选择您曾经（近三年）领导或参与的服务项目，并根据该项目开发过程中与顾客合作创新的行为活动填写本份问卷。

01 填写本问卷所依据的项目名称：________________

02 该项目属于什么类型项目：________

A. 技术型服务项目　　B. 传统型服务项目

03 该项目开发周期：________

A. 半年内　　B. 半年—1 年　　C. 1 年—2 年　　D. 2 年以上

04 项目中您的职位：________

A. 项目经理　　B. 项目开发人员　　C. 项目开发支持人员

05 贵公司主营业务所在行业：________

A. 商务服务业（咨询与调查、会计服务、法律咨询、广告创意等）

B. 信息与通信服务业（通信及增值服务、计算机及软件服务等）

C. 科技服务业（R&D 服务、专业技术服务、工程技术、科技交流服务等）

D. 金融（银行业、保险业、证券业等）

E. 其他

06 下列哪个选项最恰当地描述了贵公司所提供的服务：__________

A. 全部是标准化服务 B. 主要是标准化服务 C. 两者比重差不多 D 主要是定制化 E 全部是定制化

07 贵公司设立年限：______________

08 贵公司员工总人数为：__________人

二、以下每个题项的答案间无好坏之分。请结合您在该服务项目中的实际经历，将下表中每项描述与您认为的实际情况进行对比，并逐一勾选打分。以下题项中1—7的分值表示从非常不同意向非常同意依次渐进，请在相应的框内打√（1表示非常不同意，4表示中立，7表示非常同意）。

贵公司与顾客在该项目中的合作创新情况	非常不同意—非常同意						
	1	2	3	4	5	6	7
为指导项目开发，我们与顾客建立起相关规则和程序							
为应对常出现问题，我们与顾客建立起相关规则和程序							
为推进项目开发，我们与顾客共同遵守相关规则和程序							
重要问题由我们与顾客双方派出核心成员共同商讨							
有固定的流程和机制来帮助我们和顾客达成一致							
遇到双方观点有分歧时，我们与顾客会协商解决							
项目开发中我们与顾客经常交流彼此掌握的技术							
项目开发中我们与顾客经常交流彼此掌握的信息							
必要时我们与顾客会为对方联系和提供外部社会资源							
我们与顾客会竭力贡献自己的行动去更有效地推进项目							
我们与顾客会尽力帮助和支持对方的工作							
顾客的工作是整个开发努力中的重要部分							
我们与顾客各自承担起对项目任务完成的相关责任							

该项目开发中的知识整合情况	非常不同意—非常同意						
	1	2	3	4	5	6	7
项目成员能熟练地将新的项目相关知识与他们已知的整合在一起							
项目成员能跨越几个不同专家领域开发共享的项目概念							
项目成员能在项目层面综合他们的个体经验与专家知识							
如果项目组内部没有所需知识，项目成员会从外部资源中获得知识							
项目成员经常从其他项目中获取可利用知识							
项目成员会利用外部资源提升他们的知识							

过程互依性——该项目开发任务完成取决于贵公司与顾客间各自投入与相互协作的程度	非常不同意—非常同意						
	1	2	3	4	5	6	7
项目推进取决于顾客与我们在项目各个阶段的紧密合作							
项目开发中，我们或顾客完成工作的方式对另一方有显著影响							
该项目要求顾客与我们在各个阶段配合对方的努力							
主要开发任务的完成要求顾客与我们频繁地咨询对方							

项目不确定性	非常不同意—非常同意						
	1	2	3	4	5	6	7
与你曾经历的其他项目比，该项目需求有不小波动							
与你曾经历的其他项目比，该项目遇到更多不可预测的技术问题							
与你曾经历的其他项目比，该项目开发的结果更不可预测							

服务创新绩效	非常不同意—非常同意						
	1	2	3	4	5	6	7
新服务质量和性能达到或超过了顾客预期							
新服务开发在预期时间内完成							
顾客对服务方案质量非常满意							
顾客对项目实施与合作非常满意							

问卷完成后，请您采取以下三种方式之一返还结果：

- 直接返还给问卷发放人；
- E-mail 至：×××××；
- 寄至：×××××，邮编：×××××。

再次感谢您对我们研究工作的支持！祝您工作愉快！

参考文献

[1] Achrol, R., "Changes in the theory of inter-organizational relations in marketing: Toward a network paradigm", *Journal of the Academy of Marketing Science*, 1997, 25 (1), pp. 56—71.

[2] Atuahene-Gima, K., "Differential potency of factors affecting innovation performance in manufacturing and services firms in Australia", *Journal of Production Innovation Management*, 1996, 13, 35—52.

[3] Barki, H. and Hartwick, J., "Rethinking the concept of user involvement", *MIS Quarterly*, 1989 (03), 53—63.

[4] WG Biemans, "User and third-party involvement in developing medical equipment innovations", *Technovation*, 1991, 11 (3), 163—182.

[5] Black, J. S. and Gregersen, H. B., "Participative decision-making: An integration of multiple dimensions", *Human Relations*, 1997, 50 (7), 859—879.

[6] Blazevic, V. and Lievens, A., "Managing innovation through customer coproduced knowledge in electronic services: An exploratory study", *Journal of the academy marketing science*, 2008, 36, 138—151.

[7] Blindenbach-Driessen, F. and Ende, J. V. D., "Innovation in project-based firms: The context dependency of success factors", *Research Policy*, 2006, 35, 545—561.

[8] Bodewes, W. E., "Formalization and innovation revisited", *European Journal of Innovation Management*, 2002, 5 (4), 214—223.

[9] Bogers, M., Afuah, A. and Bastian, B., "Users as innovators: A review, critique, and future research directions", *Journal of management*, 2010, 36 (4), 857—875.

[10] Bollen, K. A. and Long, J. S., "Testing structural equation models", *Newbury Park, CA*: *Sage*, 1993, 100—200.

[11] Bonner, J. M., Orville C. and Walker, J., "Selecting influential business-to-business customers in new product development: Relational embeddedness and knowledge heterogeneity considerations", *Journal of Product Innovation Management*, 2004, 21 (3); 155—169.

[12] Bower, J. L. and Christensen, C. M., "Disruptive technologies: Catching the wave", *Harvard Business Review*, 1995, 73 (1), 43—53.

[13] Brentani, U. D. and Cooper, R. G., "Developing successful new financial services for businesses", *Industrial Marketing Management*, 1992, 21 (3), 231—241.

[14] Bstieler, L., "Trust formation in collaborative new product development", *Journal of Product Innovation Management*, 2006, 23 (1), 56—72.

[15] Campbell, A. J. and Cooper, R. G., "Do customer partnerships improve new product success rates?", *Industrial Marketing Management*, 1999, 28 (5), 507—519.

[16] Carbonell, P., Rodríguez-Escudero, A. I. and Pujari, D., "Customer involvement in new service development: an examination of antecedents and outcomes", *Journal of Product Innovation Management*, 2009, 26 (5), 536—550.

[17] Carlile, P. and Rebentisch, E., "Into the black box: The knowledge transformation cycle", *Management Science*, 2003, 49 (9), 1180—1195.

[18] Chesbrough, H. W., "Open innovation: The new imperative for creating and profiting from technology", Boston, MA: Harvard Business School Press, 2003, 110—123.

[19] Chesbrough, H. W., "Open innovation: A new paradigm for understanding industrial innovation", Boston, MA: Oxford University Press, 2006, 211—222.

[20] Churchill, G., "A paradigm for developing better measures constructs of marketing", *Journal of Marketing Research*, 1979, 16 (1), 64—73.

[21] Ciccantelli, S. and Magidson, J., "From experience: Consumer i-

dealized design: involving consumers in the product development process", *Journal of Product Innovation Management*, 1993, 10 (4), 341—348.

[22] Clark, B., "Inter-organizational Patterns in Education", *Administrative Science Quarterly*, 1965, 10, 224—237.

[23] Cohen, W. M. and Levinthal, D. A., "Absorptive capacity: a new perspective on learning and innovation", *Administrative Science Quarterly*, 1990, 4, 128—152.

[24] Comer, J. M. and Zirger, B. J., "Building a supplier-customer relationship using joint new product development", *Industrial Marketing Management*, 1997, 26 (2), 203—211.

[25] Cooper, R. G. and Brentani, U. D., "New industrial financial services: what distinguishes the winners", *Journal of Product Innovation Management*, 1991, 8, 75—90.

[26] Cooper, R. G., Easingwood, C. J., Edgett, S., Kleinschmidt, E. J. and Storey, C., "What distinguishes the top performing new products in financial services", *Journal of Product Innovation Management*, 1994, 11, 281—299.

[27] Cooper, R. G. and Kleinschmidt, E. J., "New products: what separates winners from losers", *Journal of Product Innovation Management*, 1987, 4 (3), 169—184.

[28] Crawford, M. C., "New Products Management", *Chicago*, *IL*: *Irwin*, 1997, 56—67.

[29] Daft, R. L. and Lengel, R. H., "Organizational information requirements, media richness and structural design", *Management Science*, 1986, 32, 554—571.

[30] Daft, R. L. and Lengel, R. H., " Trevino, L. K. Message equivocally, media selection, and manager performance Implications for information systems", *MIS Quarterly*, 1987, 2, 355—366.

[31] Dahlsten, F., "Avoiding the customer satisfaction rut", *Slogan Management Review*, 2003, 44 (4), 73—80.

[32] Darr, E. D., Argote, L. and Epple, D., "The acquisition, transfer, and depreciation of knowledge in service organizations: productivity in

franchises", *Management Science*, 1995, 41 (11), 1750—1762.

[33] Davenport, T. H., "Ten principles of knowledge management and four case studies", *Knowledge and Process Management*, 1997, 2, 134—156.

[34] Day, G. S., "The capabilities of market-driven organizations", *Journal of Marketing*, 1994, 58 (4), 37—54.

[35] de Vries, E. J., "Innovation in services in networks of organizations and in the distribution of services", *Research Policy*, 2006, 35 (7), 1037—1051.

[36] Den Hertog, F. and Wielinga, C., "Control systems in dissonance: the computer as an ink blot", *Accounting*, *Organizations and Society*, 1992, 17 (2), 103—127.

[37] Den Hertog, P., "Knowledge-intensive business services as co-producers of innovation", *International Journal of Innovation Management*, 2000, 4, 491—528.

[38] Deszca, G., Munro, H. and Noori, H., "Developing breakthrough products: challenge and options for market assessment", *Journal of Operations Management*, 1999, 17 (6), 613—630.

[39] Ding, L., Velicer, W. F. and Harlow, L. L., "Effects of estimation methods, number of indicators per factor, and improper solutions on structural equation modeling fit indices", *Structural Equation Modeling*, 1995, 2, 119—144.

[40] Djellal, F., Francoz, D., Gallouj, C., Gallouj, F. and Jacquin, Y., "R & D in services: revising the definition of research and development in the light of the specificities", *Science and Public Policy*, 2003, 30 (6), 415—429.

[41] Djellal, F. and Gallouj, F., "Mapping innovation dynamics in hospitals", *Research Policy*, 2005, 34, 817—835.

[42] Dougherty, D., "Reimagining the differentiation and integration of work for sustained product innovation", *Organization Science*, 2001, 12 (5), 612—631.

[43] Drejer, I. and Vinding, A. L., "The contribution of knowledge intensive business services to successful innovation in manufacturing firms the impor-

tance of geographical proximity", *DRUID Summer Conference*, 2003.

[44] Dunn, S. C., Seaker, R. F. and Waller, M. A., "Latent variable in business logistics research: Scale development and validation", *Journal of Business Logistics*, 1994, 15 (2), 145—172.

[45] Edvardsson, B. and Gustafsson, A., "Quality in the development of new products and services", *Lund: Studentlitteratur*, 1999, 100—120.

[46] Eisenhardt, K. M., "Building theories from case study research", Academy of *Management Review*, 1989, 14 (4), 532—550.

[47] Eisenhardt, K. M. and Graebner, M. E., "Theory building from cases: opportunities and challenges", *The Academy of Management Journal*, 2007, 50 (1), 25—32.

[48] Enkel, E., Kausch, C. and Gassmann, O., "Managing the risk of customer integration", *European Management Journal*, 2005, 23, 203—213.

[49] Eric, S. and Sergios, D., "Managing the new service development process: towards a systemic model", *European Journal of Marketing*, 2005, 39 (1/2), 175—182.

[50] Etgar, M., "A descriptive model of the consumer co-production process", *Journal of the Academy of Marketing Science*, 2008, 36, 97—108.

[51] Fang, E. E., "Customer participation and the trade-off between new product innovativeness and speed to market", *Journal of Marketing*, 2008, 72, 90—104.

[52] Fiske, S., Kinder, D. and Larter, W., "The novice and the expert: knowledge based strategies in political cognition", *Journal of Experimental Social Psychology*, 1983, 19, 381—400.

[53] Flint, D. J., "Compressing new product success-to-success cycle time: deep customer value understanding and idea generation", *Industrial Marketing Management*, 2002, 31 (4), 305—321.

[54] Foss, N. J., Laursen, K. and Pedersen, T., "Linking customer interaction and innovation: the mediating role of new organizational practices", *Organization Science*, 2011, 22 (4), 980—999.

[55] Fowler, F. J., "Survey research methods", Newbury Park, 1988, 55—68.

[56] Fuller, J., Jawecki, G. and Muhlbacher, H., "Innovation by online basketball communities", *Journal of Business Research*, 2007, 60, 60—71.

[57] Gadrey, J. and Gallouj, F., "The provider-customer interface in business and professional services", *The Service Industries Journal*, 1998, 18 (2), 1—15.

[58] George J. Avlonitis, Paulina G. Papastathopoulou, Spiros P. Gounaris, " An empirically-based typology of product innovativeness for new financial services: Success and failure scenarios", *Journal of Product Innovation Management*, 2001, 18, 324—342.

[59] JK Galbraith, "Organization design", *MA*: *Addison Wesley*, 1977.

[60] JK Galbraith, "The age of uncertainty", Houghton Mifflin Boston: British Broadcasting Corporation, 1977, 20—50.

[61] JR Galbraith, "Designing complex organizations", Addison-Wesley Longman Publishing Co., Inc., 1973, 56—78.

[62] JR Galbraith, "Organization design: an information processing view", NJ: Prentice-Hall, 1974, 113—220.

[63] Gales, L. and Mansour-Cole, D., "User involvement in innovation projects: Toward an information processing model", *Journal of Engineering and Technology Management*, 1995, 12 (1—2), 77—109.

[64] Gallouj, F., "Innovation in the service economy", UK: Edward Elgar, 2001.

[65] Gallouj, F. and Weinstein, O., "Innovation in Services", *Research Policy*, 1997, 26, 537—556.

[66] Gersuny, C. and Rosengren, W. R., "The service society", Cambridge MA: Schenkman Press, 1973, 56—68.

[67] Gerwin, D., "Coordinating new product development in strategic alliances", *The Academy of Management Review*, 2004, 4, 241—257.

[68] Ghiselli, E. E., Campbell, J. P. and Zedeck, S., "Measurement theory for the behavioral sciences", New York: W. H: Freeman and Co., 1981, 78—98.

[69] Ghoshal, S., "Global strategy: an organizing framework", *Strategic*

Management Journal, 1987, 8 (5), 425—440.

[70] Goes, J. B. and Ho Park, S., "Inter-organizational links and innovation the case of hospital services", *Academy of Management Journal*, 1997, 40 (3), 673—696.

[71] Grandori, A., "An organizational assessment of inter-firm coordination modes", *Organization Studies*, 1997, 18, 897—925.

[72] Grant, R. M., "Prospering in dynamically-competitive environments: Organizational capability as knowledge integration", *Organization Science*, 1996, 7 (4), 375—387.

[73] Greer, C. R. and Lei, D., "Collaborative innovation with customers: a review of the literature and suggestions for future research", *International Journal of Management Reviews*, 2011, 1, 15—27.

[74] Gruner, K. E. and Homburg, C., "Does customer interaction enhance new product success? ", *Journal of Business Research*, 2000, 49, 1—14.

[75] Gupta, A. K. and Govindarajan, V., "Knowledge flows and the structure of control within multinational corporations", *Academy of Management Review*, 1991, 16 (4), 768—792.

[76] Gustafsson, A., Ekdahl, F. and Edvardsson, B., "Customer focused service development in practice: a case study at Scandinavian airlines system", *International Journal of Service Industry Management*, 1999, 10 (4), 344—358.

[77] Hall, R. H. Oganizaitions., "Structure and process", *Englewood Cliff, N. J: Prentice-Hall*, 1972, 46—56.

[78] Hamel, G. and C., K. P., "Competing for the future", Boston: Harvard Business School Press, 1994, 24—46.

[79] Hargadon, A. and Sutton, R. I., "Technology brokering and innovation in a product development firm", *Administrative Science Quarterly*, 1997, 6, 716—749.

[80] Hart, S. J. and Service, L. M., "Cross-functional integration in the new product introduction process: an application of action science in services", *International Journal of Service Industry Management*, 1993, 4 (3),

50—66.

[81] Hatcher, L., "A step-by-step approach to using the SAS system for factor analysis and structural equation modeling", SAS Publishing, 1994, 36—98.

[82] Henderson, R. and Clark, K., "Architectural innovation: the reconfiguration of existing product technologies and the failure of established firms", *Administrative Science Quarterly*, 1990, 35, 9—30.

[83] Hertog, P. D., "Knowledge-intensive business services as co-producers of innovation", *International Journal of Innovation Management*, 2000, 4 (4), 491—528.

[84] Hertog, P. D. and Bilderbeek, R., "Conceptualizing (service) innovation and the knowledge flow between KIBS and their clients", 1998.

[85] Hipp, C., "Knowledge-Intensive business services in the new mode of knowledge Production", *AI & Society*, 1999, 13, 88—106.

[86] Hollingshead, A. B., "Cognitive interdependence and convergent memory in transactive memory", *Journal of Personality and Social Psychology*, 2001, 81 (6), 1080—1089.

[87] Ian Alam, "An exploratory investigation of user involvement in new service development", *Journal of the Academy of Marketing Science*, 2002, 30 (3), 250—261.

[88] Ian Alam, "Removing the fuzziness from the fuzzy front-end of service innovations through customer interactions", *Industrial Marketing Management*, 2006, 35, 468—480.

[89] Ian Alam and Chad Perry, "A customer-oriented new service development process", *Journal of Services Marketing*, 2002, 16 (6), 15—35.

[90] Iansiti, M. and Clark, K. B., "Integration and dynamic capability: Evidence from development in automobiles and mainframe computers", *Industrial and Corporate*, 1994, 4 (3), 557—605.

[91] Ives, B. and Olson, M. H., "User involvement and MIS success: A review of research", *Management Science*, 1984, 30, 586—603.

[92] Jaworski, B. J. and Kohli, A. K., "Market orientation: Antecedents and consequences", *Journal of Marketing*, 1993, 57, 53—70.

[93] Jeppesen, L. B., "User toolkits for innovation: Consumers support each other", *Journal of Product Innovation Management*, 2005, 22 (4), 347—362.

[94] Johne, A. and Storey, C., "New service development: a review of the literature and annotated bibliography", *European Journal of Marketing*, 1998, 32 (3), 184—251.

[95] Joshi, A. W. and Sharma, S., "Customer knowledge development: Antecedents and impact on new product performance", *Journal of Marketing*, 2004, 68, 47—59.

[96] Kaulio, M. A., "Customers, consumer and user involvement in product development: A framework and a review of selected methods", *Total Quality Management*, 1998, 9 (1), 141—190.

[97] Kline, S. J. and Rosenberg, N., "Chain-linked model of innovation", Washington, DC, US: National Academy Press, 1986.

[98] Kohli, A. K. and Jaworski, B. H., "Market orientation: the construct, research propositions, and managerial implications", *Journal of Marketing*, 1990, 54 (4), 1—18.

[99] Kristensson, P., Gustafsson, A. and Archer, T., "Harnessing the creative potential among users", *Journal of Product Innovation Management*, 2004, 21, 4—14.

[100] Kuusisto, A. and Päällysaho, S., "Customer role in service production and innovation-looking for directions for future research", 2008.

[101] Lüthje, C., "Characteristics of innovating users in a consumer goods field", *Technovation*, 2004, 24, 683—695.

[102] Lagrosen, S., "Customer involvement in new product development: A relationship marketing perspective", *European Journal of Innovation Management*, 2005, 8 (4), 424—436.

[103] J. N. Larsen, "Knowledge, human resources and social practice: The knowledge-intensive business service firm as a distributed knowledge system", *The Service Industries Journal*, 2001, 21 (1), 81—102.

[104] Larsson, R. and Bowen, D. E., "Organization and customer: managing design and coordination of services", *Academy of Management Review*,

1989, 14 (2), 213—233.

[105] Laursen, K. and Salter, A. J., "Open for innovation: The role of openness in explaining innovative performance among UK manufacturing firms", *Strategic Management Journal*, 2006, 27 (2), 131—150.

[106] Lance A. Bettencourt, Amy L. Ostrom, Stephen W. Brown and Robert I. Roundtree, "Client co-production in knowledge-intensive business services", *California Management Review*, 2002, 44 (4), 68—98.

[107] Lengnick-Hall, C. A., "Customer contributions to quality: A different view of the customer-oriented firm", *Academy of Management Review*, 1996, 21 (3), 791—824.

[108] Leonard-Barton, D., "Core competencies and core rigidities: a paradox in managing new product development", *Strategic Management Journal*, 1992, 13, 111—125.

[109] Leonard, D. and Rayport, J. F., "Spark innovation through empathic design", *Harvard Business Review*, 1997, 75 (6), 102—115.

[110] Lewis, K., "Knowledge and performance in knowledge-worker teams: A longitudinal study of transactive memory systems", *Management Science*, 2004, 50 (11), 1519—1533.

[111] Lichtenthaler, U., "Open innovation in practice: An analysis of strategic approaches to technology transactions", *IEEE Trans. Engrg. Management*, 2008.

[112] Liebeskind, J. P., "Knowledge, strategy, and the theory of the firm", *Strategic Management Journal*, 1996, 17 (WINTER), 93—107.

[113] Lievens, A. and Moenaert, R. K., "New service teams as information-processing systems: Reducing innovative uncertainty", *Journal of Service Research*, 2000, 3 (1), 46—68.

[114] Lievens, A., Moenaert, R. K. and Jegers, R. S., "Linking communication to innovation success in the financial services industry: a case study analysis", *International Journal of Service Industry Management*, 1999, 10 (1), 23.

[115] Lilien, G. L., Morrison, P. D., Searls, K., Sonnack, M. and von Hippel, E., "Performance assessment of the lead user idea-generation

process for new product development", *Management Science*, 2002, 48, 1042—1059.

[116] Lin, X. and Germain, R., "Antecedents to customer involvement in product development: comparing US and Chinese Firms", *European Management Journal*, 2004, 22 (2), 244—255.

[117] Locke, E. A. and Schweiger, D. M., "Participation in decision-making: One more look", *Research in Organizational Behavior*, 1979, 1, 265—339.

[118] Lord, R. and Maher, R., "Alternative information-processing models and their implications for theory, research, and practice", *Academy of Management Review*, 1990, 15 (1), 9—28.

[119] Lundkvist, A. and Yakhlef, A., "Customer involvement in new service development: a conversational approach", *Managing Service Quality*, 2004, 14, 249—257.

[120] Lundvall, B. Å., "Interactive learning, social capital and economic performance", *Advancing knowledge and the knowledge economy*, 2006, 2, 63—75.

[121] Lusch, R. F., Vargo, S. L. and Wessels, G., "Toward a conceptual foundation for service science: contributions from service-dominant logic", *IBM Systems Journal*, 2008, 47 (1), 5—13.

[122] Magnusson, P. R., "Customer-oriented product development: experiments involving users in service innovation", *Economic Research Institute, Stockholm School of Economics*, 2003, 68—98.

[123] Magnusson, P. R., Matthing, J. and Kristensson, P., "Managing user involvement in service innovation: experiments with innovating end users", *Journal of Service Research*, 2003, 6, 111—124.

[124] Martin, C. R., "Retail service innovations Inputs for success", *Journal of Retailing and Consumer Services*, 1996, 3 (2), 63—71.

[125] Martin, C. R. and Horne, D. A., "Level of success inputs for service innovations in the same firm", *International Journal of Service Industry Management*, 1995, 6 (4), 40—56.

[126] Martin, C. R., Horne, D. A. and Schultz, A. M., "The busi-

ness-to-business customer in the service innovation process", *European Journal of Innovation Management*, 1999, 2 (2), 55—75.

[127] Matthing, J., Sanden, B. and Edvardsson, B., "New service development: learning from and with customers", *International Journal of Service Industry Management*, 2004, 15 (5), 479—498.

[128] Maryam Alavi and Amrit Tiwana, "Knowledge integration in virtual teams: The potential role of KMS", *Journal of the American Society for Information Science and Technology*, 2002, 53 (12), 1029—1037.

[129] Mehta, N., "Knowledge integration in software teams: An assessment of team project and it related issues", *Unpublished Auburn University*, 2006.

[130] Merchant, K. A., "Control in business organizations", *Pitman Marshfield, MA*, 1985, 45—68.

[131] Michel, S., Brown, S. W. and Gallan, A. S., "Service-logic innovations: How to innovate customers, not products", *California Management Review*, 2008, 50 (3), 49—65.

[132] Miles, I., "Services innovation: coming of age in the knowledge-based economy", *International Journal of Innovation Management*, 2000, 4, 371—389.

[133] Miles, I., Kastrinos, N., Flanagan, K., Bilderbeek, R., Den Hertog, P., Huntink, W. and Bouman, M., "Knowledge-intensive business services", EIMS Publication, 1995, (15), 25—90.

[134] Miles, I., Kastrinos, N., Flanagan, K., Bilderbek, R., den Hertog, P., Huntink, W., and Bouman, M., "Knowledge-Intensive business services: Their role as users, carriers and sources of innovation", PREST, University of Manchester, 1995.

[135] Mills, P. K. and Morris, J. H., "Clients as 'partial' employees of service 0rganizations: role development in client participation", *Academy of Management Review*, 1986, 11 (4), 726—735.

[136] Montoya-Weiss, M. M. and Calantone, R., "Determinants of new product performance: A review and meta-analysis", *Journal of Product Innovation Management*, 1994, 11 (5), 397—417.

[137] Moran, P. and Ghoshal, S., "Value Creation by Firms", *Academy of Management Best Paper Proceedings*, 1996.

[138] Muller, E. and Zenker, A., "Business services as actors of knowledge transformation: the role of KIBS in regional and national innovation systems", *Research Policy*, 2001, 30, 1501—1516.

[139] Mullern, M. J., Weildeman, D. M. and White, E. A., "Taxonomy of PD practices: a brief practitioner's guide", *Communications of the ACM*, 1993, 36 (4), 26—33.

[140] Nambisan, S., "Designing virtual customer environments for new product development: toward a theory", *Academy of Management Review*, 2002, 27 (3), 392—413.

[141] Narver, J. C. and Slater, S. F., "The effect of a market orientation on business profitability", *Journal of Marketing*, 1990, 54, 20—35.

[142] Neale, M. R. and Corkindale, D. R., "Co-developing products: Involving customers earlier and more deeply", *Long Range Planning*, 1998, 31 (3), 418—425.

[143] Nightingale, D. V., "Participation in decision making: A examination of style and structure and their effects on member outcomes", *Human Relations*, 1981, 34, 1119—1133.

[144] Nijssen, E. J., Hillebrand, B., Vermeulen, P. A. M. and Kemp, R. G. M., "Exploring product and service innovation similarities and differences", *International Journal of Research in Marketing*, 2006, 23, 241—251.

[145] Nonaka, I., "A dynamic theory of organizational knowledge creation", *Organization Science*, 1994, 5 (1), 14—37.

[146] Ojanen, V. and Hallikas, J., "Inter-organizational routines and transformation of customer relationships in collaborative innovation", *International Journal of Technology Management*, 2009, 45, 306—322.

[147] Okhuysen, G. A. and Eisenhardt, K. M., "Integrating knowledge in groups: How formal interventions enable flexibility", *Organization Science*, 2002, 13 (4), 370—386.

[148] Olson, E. M., Walker Jr, O. C. and Ruekert, R. W., "Organ-

izing for effective new product development: The moderating role of product innovativeness", *Journal* of *Marketing*, 1995, 4, 48—62.

[149] Patnayakuni, R., Rai, A. and Tiwana, A., "Systems development process improvement: A knowledge integration perspective", *IEEE Transactions on Engineer Management*, 2007, 54 (2), 15—25.

[150] Payne, A. F., Storbacka, K. and Frow, P., "Managing the co-creation of value", *Journal of the Academy of Marketing Science*, 2008, 36, 83—96.

[151] Pfeffer, J. and Salancik, J., "The External Control of Organizations", New York: Harper and Row, 1978, 56—68.

[152] Pisano, G., "Knowledge, integration, and the locus of learning: An empirical analysis of process development", *Strategic Management Journal*, 1994, 155 (S1), 85—100.

[153] Pitta, D. and Franzak, F., "Boundary spanning product development in consumer markets: learning organization insights", *Journal* of *Consumer Marketing*, 1996, 13 (5), 66—81.

[154] Polanyi, J. B., "The Tacit Dimension", London: Routledge Kegan Paul, 1966, 68—88.

[155] Prahalad, C. and Ramaswamy, V., "Co-opting customer competence", *Harvard Business Review*, 2000, 78 (1), 79—87.

[156] Prahalad, C. K. and Ramaswamy, V., "Co-creating unique value with customers", *Strategy & Leadership*, 2004, 32 (3), 4—9.

[157] Ramani, G. and Kumar, V., "Interaction orientation and firm performance", *Journal* of *Marketing*, 2008, 72, 27—45.

[158] Ramaswamy, V., "Co-creating experiences with customers: New paradigm of value creation", *Journal* of *Management*, 2004, 3, 56—78.

[159] Riel, A. C. R. V., Lemmink, J. and Ouwersloot, H., "High-technology service innovation success: A decision-making perspective", *Journal of Production Innovation Management*, 2004, 21, 348—359.

[160] Rossi, P., "Community Decision Making", *Administrative Science Quarterly*, 1957, 1, 415—443.

[161] Rothwell, R., "Successful Industrial Innovation: Critical Factors for

the 1990s' ", *R&D Management*, 1992, 22 (3), 221—239.

[162] Ruekert, R. W., "Developing a market orientation: An organizational strategy perspective ", *International Journal of Research in Marketing*, 1992, 9, 225—245.

[163] S. Auh, Simon J. Bell, Colin S. McLeod, and E. Shih, "Co-production and customer loyalty in financial services", *Journal of Retailing*, 2007, 83 (3), 359—370.

[164] Sabherwal, R. and Becerra-Fernandez, I., "Integrating specific knowledge: Insights from the Kennedy space center", *IEEE Transactions on Engineering Management*, 2005, 52 (3), 130—136.

[165] Sand, B., "The Customer's Role in New Service Development", 2007.

[166] Sandén, B., "The customer's role in new service development", *Faculty of Economic Sciences*, *Communication and IT*, *Business Administration*, *Karlstad University*, 2007.

[167] Saviotti, P. P. and Metcalfe, J. S., "A theoretical approach to the construction of technological output indicators", *Research Policy*, 1984, 13, 141—151.

[168] Sawhney, M. and Prandelli, E., "Communities of creation: managed distributed innovation in turbulent markets", *California Management Review*, 2000, 42, 24—52.

[169] Sawhney, M., Verona, G. and Prandelli, E., "Collaborating to create: The internet as a platform for customer engagement in product innovation", *Journal* of *Interactive Marketing*, 2005, 19 (4), 4—17.

[170] Scott, W. R., "Organizations: rational, natural, and open systems", NJ: Prentice Hall, 1992, 35—89.

[171] Shaw, B., "The role of the interaction between the user and the manufacturer in medical equipment innovation", *R&D Management*, 1985, 15 (4), 283—292.

[172] Slater, S., "Market orientation at the beginning of a new millennium", *Managing Service Quality*, 2001, 11 (4), 230—232.

[173] Slater, S. F. and Narver, J., "Does competitive environment mod-

erate the market orientation performance relationship? ", *Journal of Marketing*, 1994, 58, 46—55.

[174] Slater, S. F. and Narver, J. C., "Market orientation and the learning organization", *Journal of Marketing*, 1995, 59 (3), 63—75.

[175] Smith, K. G., Collins, C. J. and Clark, K. D., "Existing Knowledge, Knowledge Creation Capability, and the Rate of New Product Introduction in High-Technology Firms", *Academy* of *Management Journal*, 2005, 48 (2), 346—357.

[176] Sobrero, M. and Roberts, E. B., "The trade-off between efficiency and learning in inter-organizational relationships for product development", *Management Science*, 2001, 47 (4), 493—511.

[177] Spender, J.-C. and Grant, R., "Knowledge and the firm: Overview", *Strategic Management Journal*, 1996, 17 (5), 5—9.

[178] Starbuck, W. H., "Learning by knowledge -intensive firms", *Journal of Management Studies*, 1992, 29 (6), 713—740.

[179] Strambach, S., "Innovation processes and the role of knowledge-intensive business services", In: Koschatzky, K., Kulicke, M., Zenker, A. (Eds.), *Innovation Networks —Concepts and Challenges in the European Perspective*. Physica, Heidelberg, 2001, 4, 53—68.

[180] Sundbo, J., "The Organization of Innovation in Services", Roskilde: Roskilde University Press, 1998, 56—99.

[181] Sundbo, J., "Standardization vs. customization in service innovations", 1998.

[182] Sundbo, J., "Empowerment of employees in small and medium-sized service firms", *Employee Relations*, 1999, 21 (2), 105.

[183] Thomke, S., "R & D comes to services: Bank of America's path breaking experiments", *Harvard Business Review*, 2003, 81 (4), 71—80.

[184] Thompson, J. D., "Organizations in Action", New York: McGraw-Hill, 1967, 56—98.

[185] Tiwana, A., "Do bridging ties complement strong ties? An empirical examination of alliance ambidexterity", *Strategic Management Journal*, 2008, 29, 251—272.

[186] Tiwana, A. and McLean, E., "Expertise integration and creativity in information systems development", *Journal of Management Information Systems*, 2005, 22 (1), 13—43.

[187] Tuli, K. R., Kohli, A. K. and . Bharadwaj, S. G., "Rethinking customer solutions: From product bundles to relational processes", *Journal of Marketing*, 2007, 71 (3), 1—17.

[188] Ulwick, A. W., "Turn customer input into innovation", *Harvard Business Review*, 2002, 80 (1), 91—98.

[189] Ungson, G. R., Braunstein, D. N. and Hall, P. D., "Managerial information processing: A research review", *Administrative Science Quarterly*, 1981, 3, 116—134.

[190] Urban, G. L. and E, Hippel, V., "Lead user analyses for the development of new industrial products", *Management Science*, 1988, 34 (5), 569—582.

[191] Van de Ven, A. H., "On the nature, formation, and maintenance of relations among organizations", *Academy of Management Review*, 1976, 1 (4), 24—36.

[192] Van Ginkel, W. P., Van Knippenberg, D., "Knowledge about the distribution of information and group decision making: When and why does it work? ", *Organizational Behavior and Human Decision Processes*, 2009, 108 (2), 218—229.

[193] Vargo, S. L., Lusch, R. F., "Evolving to a new dominant logic for marketing", *Journal of Marketing*, 2004, 68 (1), 1—17.

[194] Verona, G., "A Resource-Based View of Product Development", *Academy of Management Review*, 1999, 24 (1), 132—142.

[195] Volberda, H. W., A. Rutges. FARSYS., "A Knowledge-Based system for managing strategic change", *Decision Support System*, 1999, 26 (2), 99—123.

[196] von Hippel, E., "Successful industrial products from customer's ideas, presentation of a new customer-active paradigm with evidence and implications", *Journal of Marketing*, 1978, 42 (1), 39—49.

[197] von Hippel, E., "Lead users: A source of novel product con-

cepts", *Management Science*, 1986, 32, 791—805.

[198] von Hippel, E., "User toolkits for innovation", *Journal of Product Innovation Management*, 2001, 18 (3), 247—257.

[199] von Hippel, E., Thomke, S., Sonnack, M., "Creating breakthroughs at 3M", *Harvard Business Review*, 1999, 77, 47—57.

[200] Voss, C. A., "The Role of users in the development of application software", *Journal* of *Product Innovation Management*, 1985, 2, 113—121.

[201] Walsh, J. P., Dewar, R. D., "Formalization and the organizational life cycle", *Journal of Management Studies*, 1987, 24 (3), 215—231.

[202] Weick, K. E., "Sense-making in Organizations", CA: Sage: Newbury Park, 1979, 38—98.

[203] Wikstrom, S., "The customer as co-producer", *European Journal of Marketing*, 1995, 30 (4), 6—19.

[204] Yan, M., Gray, B., "Bargaining power, management control, and performance in United States-China joint ventures: A comparative case study", *Academy of Management Journal*, 1994, 37 (6), 1478—1517.

[205] Yin, R. K., "Case study research", *Beverly Hills*, CA: Sage Publications, 1984.

[206] Yin, R. K., "Case study research: Design and methods", *Thousands Oaks*, CA: Sage Publications, 2003.

[207] Zander, U., Kogut, B., "Knowledge and the speed of transfer and imitation of organizational capabilities: An empirical test", *Organization Science*, 1995, 6 (1), 76—92.

[208] Zmud, R. W., "Management of large software development efforts", *MIS Quarterly*, 1980, 2, 45—55.

[209] 陈劲、王安全、朱夏晖：《软件业的服务创新》，《南开管理评论》2002 年第 1 期。

[210] 杜静、魏江：《知识存量的增长机理分析》，《科学学与科学技术管理》2004 年第 1 期。

[211] 侯杰泰、温忠麟、成子娟：《结构方程模型及其应用》，教育

科学出版社 2004 年版。

［212］蔺雷、吴贵生：《服务创新：研究现状、概念界定及特征描述》，《科研管理》2005 年第 26 期。

［213］李怀祖：《管理研究方法论》，西安交通大学出版社 2004 年版。

［214］卢谢峰、韩立敏：《中介变量，调节变量与协变量——概念，统计检验及其比较》，《心理科学》2007 年第 4 期。

［215］马庆国：《管理统计》，科学出版社 2002 年版。

［216］王琳、魏江：《软件业服务创新模式演化研究》，《西安电子科技大学学报》（社会科学版）2008 年第 1 期。

［217］王琳、魏江：《顾客互动对新服务开发绩效的影响——基于知识密集型服务企业的实证研究》，《重庆大学学报》（社会科学版）2009 年第 1 期。

［218］魏江、王琳、胡胜蓉、陶颜：《知识密集型服务创新分类研究》，《科学学研究》2008 年 S 期。

［219］魏江、胡胜蓉：《知识密集型服务业创新范式》，科学出版社 2007 年版。

［220］魏江、胡胜蓉、袁立宏、钟宪文：《知识密集型服务企业与客户互动创新机制研究：以某咨询公司为例》，《西安电子科技大学学报》（社会科学版）2008 年第 3 期。

［221］魏江、陶颜、王琳：《知识密集型服务业的概念与类型研究》，《中国软科学》2007 年第 1 期。

［222］温忠麟、侯杰泰、张雷：《调节效应与中介效应的比较和应用》，《心理学报》2005 年第 2 期。

［223］温忠麟、张雷、侯杰泰：《中介效应检验程序及其应用》，《心理学报》2004 年第 5 期。

［224］吴明隆：《SPSS 统计应用实务》，科学出版社 2003 年版。

［225］周冬梅、鲁若愚：《服务创新中顾客参与的研究探讨：基本问题、研究内容、研究整合》，《电子科技大学学报》2009 年第 3 期。